독자의 1초를 아껴주는 정성!

세상이 아무리 바쁘게 돌아가더라도

책까지 아무렇게나 빨리 만들 수는 없습니다.

인스턴트 식품 같은 책보다는

오래 익힌 술이나 장맛이 밴 책을 만들고 싶습니다.

길벗이지톡은 독자여러분이 우리를 믿는다고 할 때 가장 행복합니다.

나를 아껴주는 어학도서, 길벗이지톡의 책을 만나보십시오.

독자의 1초를 아껴주는 정성을 만나보십시오.

미리 책을 읽고 따라해본 2만 베타테스터 여러분과 무따기 체험단, 길벗스쿨 엄마 2% 기획단,

시나공 평가단, 토익 배틀, 대학생 기자단까지!

믿을 수 있는 책을 함께 만들어주신 독자 여러분께 감사드립니다.

. . . .

(주)도서출판 길벗 www.gilbut.co.kr

길벗 이지톡 www.gilbut.co.kr

길벗 스쿨 www.gilbutschool.co.kr

KB108977

학습진도표

Scene #1 ————	Scene #2 ————	Scene #3 ————	Scene #4 ————	Scene #5 ————
본책 ☐ 유튜브 강의 ☐ 단어 빅데이터 ☐	본책 ☐ 유튜브 강의 ☐ 단어 빅데이터 ☐	본책 ☐ 유튜브 강의 ☐ 단어 빅데이터 ☐	본책 ☐ 유튜브 강의 ☐ 단어 빅데이터 ☐	본책 ☐ 유튜브 강의 ☐ 단어 빅데이터 ☐
Scene #6 ————	Scene #7 ————	Scene #8 ————	Scene #9 ————	Scene #10 ————
본책 ☐ 유튜브 강의 ☐ 단어 빅데이터 ☐	본책 ☐ 유튜브 강의 ☐ 단어 빅데이터 ☐	본책 ☐ 유튜브 강의 ☐ 단어 빅데이터 ☐	본책 ☐ 유튜브 강의 ☐ 단어 빅데이터 ☐	본책 ☐ 유튜브 강의 ☐ 단어 빅데이터 ☐
Scene #11 ————	Scene #12 ————	Scene #13 ————	Scene #14 ————	Scene #15 ————
본책 ☐ 유튜브 강의 ☐ 단어 빅데이터 ☐	본책 ☐ 유튜브 강의 ☐ 단어 빅데이터 ☐	본책 ☐ 유튜브 강의 ☐ 단어 빅데이터 ☐	본책 ☐ 유튜브 강의 ☐ 단어 빅데이터 ☐	본책 ☐ 유튜브 강의 ☐ 단어 빅데이터 ☐
Scene #16 ————	Scene #17 ————	Scene #18 ————	Scene #19 ————	Scene #20 ————
본책 ☐ 유튜브 강의 ☐ 단어 빅데이터 ☐	본책 ☐ 유튜브 강의 ☐ 단어 빅데이터 ☐	본책 ☐ 유튜브 강의 ☐ 단어 빅데이터 ☐	본책 ☐ 유튜브 강의 ☐ 단어 빅데이터 ☐	본책 ☐ 유튜브 강의 ☐ 단어 빅데이터 ☐
Scene #21 ————	Scene #22 ————	Scene #23 ————	Scene #24 ————	Scene #25 ————
본책 ☐ 유튜브 강의 ☐ 단어 빅데이터 ☐	본책 ☐ 유튜브 강의 ☐ 단어 빅데이터 ☐	본책 ☐ 유튜브 강의 ☐ 단어 빅데이터 ☐	본책 ☐ 유튜브 강의 ☐ 단어 빅데이터 ☐	본책 ☐ 유튜브 강의 ☐ 단어 빅데이터 ☐

전체 진도표를 참고하여 나만의 10시간 플랜을 짜보세요.

Scene #26	Scene #27	Scene #28	Scene #29	Scene #30
본책 ☐ 유튜브 강의 ☐ 단어 빅데이터 ☐	본책 ☐ 유튜브 강의 ☐ 단어 빅데이터 ☐	본책 ☐ 유튜브 강의 ☐ 단어 빅데이터 ☐	본책 ☐ 유튜브 강의 ☐ 단어 빅데이터 ☐	본책 ☐ 유튜브 강의 ☐ 단어 빅데이터 ☐
Scene #31	Scene #32	Scene #33	Scene #34	Scene #35
본책 ☐ 유튜브 강의 ☐ 단어 빅데이터 ☐	본책 ☐ 유튜브 강의 ☐ 단어 빅데이터 ☐	본책 ☐ 유튜브 강의 ☐ 단어 빅데이터 ☐	본책 ☐ 유튜브 강의 ☐ 단어 빅데이터 ☐	본책 ☐ 유튜브 강의 ☐ 단어 빅데이터 ☐
Scene #36	Scene #37	Scene #38	Scene #39	Scene #40
본책 ☐ 유튜브 강의 ☐ 단어 빅데이터 ☐	본책 ☐ 유튜브 강의 ☐ 단어 빅데이터 ☐	본책 ☐ 유튜브 강의 ☐ 단어 빅데이터 ☐	본책 ☐ 유튜브 강의 ☐ 단어 빅데이터 ☐	본책 ☐ 유튜브 강의 ☐ 단어 빅데이터 ☐

Pattern 1	Pattern 2	Pattern 3	Pattern 4	Pattern 5
별책 ☐	별책 ☐	별책 ☐	별책 ☐	별책 ☐
Pattern 6	Pattern 7	Pattern 8	Pattern 9	Pattern 10
별책 ☐	별책 ☐	별책 ☐	별책 ☐	별책 ☐
Pattern 11	Pattern 12	Pattern 13	Pattern 14	Pattern 15
별책 ☐	별책 ☐	별책 ☐	별책 ☐	별책 ☐
Pattern 16	Pattern 17	Pattern 18	Pattern 19	Pattern 20
별책 ☐	별책 ☐	별책 ☐	별책 ☐	별책 ☐

일본어 회화,
함께 시작해요!

유하다요의
10시간
현지
일본어

유하다요의 10시간 현지 일본어

10 hours Real Japanese

초판 발행 · 2024년 4월 15일
초판 2쇄 발행 · 2024년 6월 5일

지은이 · 전유하(유하다요)
발행인 · 이종원
발행처 · (주)도서출판 길벗
브랜드 · 길벗이지톡
출판사 등록일 · 1990년 12월 24일
주소 · 서울시 마포구 월드컵로 10길 56(서교동)
대표 전화 · 02)332-0931 | 팩스 · 02)323-0586
홈페이지 · www.gilbut.co.kr | 이메일 · eztok@gilbut.co.kr

기획 및 책임 편집 · 오윤희, 박정현(bonbon@gilbut.co.kr) | **디자인** · 최주연 | **제작** · 이준호, 손일순, 이진혁
마케팅 · 이수미, 장봉석, 최소영 | **유통혁신** · 한준희 | **영업관리** · 김명자, 심선숙 | **독자지원** · 윤정아

교정교열 · 이경숙 | **일본어 감수** · SUGAWARA SHIHOMI | **일러스트** · 누뭉바 | **전산편집** · 조영라 | **오디오녹음** · 와이알미디어
CTP 출력 및 인쇄 · 정민 | **제본** · 정민

- 길벗이지톡은 길벗출판사의 성인어학 출판 브랜드입니다.
- 잘못 만든 책은 구입한 서점에서 바꿔 드립니다.
- 이 책은 저작권법에 따라 보호받는 저작물이므로 무단전재와 무단복제를 금합니다.
  이 책의 전부 또는 일부를 이용하려면 반드시 사전에 저작권자와 (주)도서출판 길벗의 서면 동의를 받아야 합니다.
- 책 내용에 대한 문의는 길벗 홈페이지(www.gilbut.co.kr) 고객센터에 올려 주세요.

ISBN 979-11-407-0890-1 03730
(길벗 도서번호 301150)

ⓒ 전유하, 2024

정가 22,000원

독자의 1초까지 아껴주는 정성 길벗출판사
길벗 | IT실용서, IT/일반 수험서, IT전문서, 경제경영서, 취미실용서, 건강실용서, 자녀교육서
더퀘스트 | 인문교양서, 비즈니스서
길벗이지톡 | 어학단행본, 어학수험서
길벗스쿨 | 국어학습서, 수학학습서, 유아학습서, 어학학습서, 어린이교양서, 교과서

마치 일본에 있는 것처럼! 가장 쉽게 시작하는 현실 회화!

유하다요의

10시간
현지
일본어

전유하(유하다요) 지음

길벗
이지:톡

현지 회화, 겁먹지 말고
유하다요와 함께해요!

이 책은 일본 여행과 문화를 좋아하는 분들을 위해 만든 회화 교재로, 흔하게 접할 수 있는 왕초보용 여행 회화책에서 벗어나 일본의 일상에서 건져 올린 생생한 표현을 담았습니다. 좀 더 네이티브 같은 일본어 표현을 즐기고 싶은 분들이라면 만족하실 거예요.

그런데 "현지" 회화이기에 혹시 너무 어렵지는 않을까 걱정하시는 분도 계실 텐데요, 초급 일본어 학습을 마친 사람이라면 누구나 이해할 수 있도록 다양한 장치를 마련했습니다. 단어와 문장을 미리 익히고, 유튜브 강의와 함께 온전히 이해하며 학습을 마무리하세요.

본책에서는 일본에서 접할 수 있는 40가지 상황을 시뮬레이션할 수 있습니다. 언제 어디에서든 여러분이 자신 있게 회화를 할 수 있기를 바라는 마음으로 집필했어요. 각 에피소드가 끝나면 나오는 현지 단어들도 놓치지 마세요. 별책에서는 자주 쓰는 패턴 20개를 단어를 바꿔 가며 연습할 수 있습니다. 본책과 겹치는 표현이 거의 없기 때문에, 두 권을 모두 끝내면 여러분의 회화 능력은 더욱 풍성해질 거예요.

일본어로 좀 더 다양하게 말해 보고 싶은 욕구가 충만한 일본어 학습자 여러분! 우리 매번 쓰던 표현만 쓰지 말고, 이번 기회에 같이 레벨 업해 보도록 해요. 이 책을 끝내고 떠나는 다음 여행은 분명 다를 겁니다. 여러분의 귀한 시간, 허투루 쓰이지 않도록 곁에서 함께 이끌어 드리겠습니다. 더욱 성장할 여러분을 응원할게요!

항상 감사합니다.

전유하 드림

이 책의 구성과 활용법

이 책은 여행을 소재로 한 일본어 회화책으로, 첫걸음 단계를 끝낸 일본어 초중급자를 대상으로 합니다. 크게 본책과 별책으로 구성되어 있습니다. 본책은 장소별 회화 에피소드 40개가 들어 있으며, 별책은 20개의 패턴을 이용한 현지 회화 문장 모음집으로 만들었습니다. 별책은 '책속의 책' 형태로 여행 시 간편하게 활용할 수 있습니다.

본책

← ❶ **이 문장, 무슨 뜻일까요?** | 제시된 일본어 문장을 보면서 어떤 뜻인지 한번 추리해 보세요.

❷ **이런 말을 할 수 있어요.** | 제시된 우리말 문장을 보면서 일본어로 말할 수 있는지 체크해 보세요.

❸ **QR코드** | 잠깐! 페이지를 넘기기 전에 QR코드를 찍어 해당 과의 mp3와 유튜브 강의를 들을 수 있습니다.

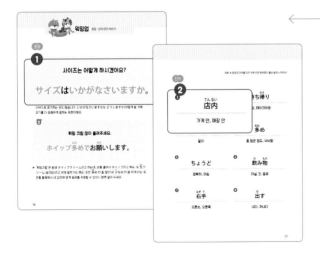

← **워밍업**

본격적으로 회화를 학습하기 전에 문장과 단어를 미리 배우는 코너입니다.

❶ **문장** | 회화문 중에서 가장 까다롭거나, 설명이 필요한 문장을 골랐습니다. 응용 방법, 추가 표현, 뉘앙스 등 함께 알아 두면 도움되는 꿀팁을 정리했습니다.

❷ **단어** | 회화문에 등장하는 단어 중에 주요 단어 8개를 골랐습니다. 단어 읽는 법과 우리말 뜻을 익히고 회화를 학습해 보세요!

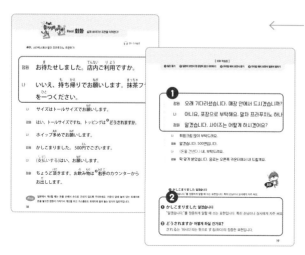

Real 회화

여행지에서 진짜로 있을 법한 40개의 에피소드를 담았습니다. 내가 하고 싶은 말뿐만 아니라, 내가 듣는 말까지 자연스레 익힐 수 있습니다. 유튜브 무료 강의와 함께 학습하세요!

❶ 해석 | 회화 해석을 정리했습니다.

❷ 표현 | 학습자가 궁금해할 만한 표현을 추가 설명했습니다.

단어 빅데이터

해당 과와 관련 있는 추가 단어로 학습을 마무리하세요. 더욱 풍성한 표현으로 말을 할 수 있게 됩니다.

별책 : 패턴집

만능 패턴 20

두 가지 방법으로 활용할 수 있는 별책입니다. 본책의 회화가 어렵다면, 먼저 별책의 패턴을 익히세요. 본책이 훨씬 쉬워집니다. 그리고 본책의 회화가 레벨에 맞다면, 여행 가기 직전에 학습하세요. 본책과 겹치지 않는 유용한 문장들이 많이 들어 있어, 짧은 시간 동안 회화 실력을 끌어올릴 수 있습니다.

차례

PART 3 숙박

PART 4 쇼핑

동영상 강의 보는 법 & mp3 파일 듣는 법

동영상 강의

❶ QR코드
해당 과 도입부의 QR코드를 스캔하면 동영상 강의를 볼 수 있는 페이지로 연결됩니다.

mp3 파일

❶ QR코드
해당 과 도입부의 QR코드를 스캔하면 mp3 파일을 들을 수 있는 페이지로 연결됩니다.

❷ 길벗 홈페이지
홈페이지(www.gilbut.co.kr)에서 도서명을 검색하면 mp3 파일 다운로드 및 바로 듣기가 가능합니다.

---

mp3 파일 구성

◎ **개별 듣기 버전:** ❶ [Real 회화] (일본어 ➡ 일본어 + 해석)
                         ❷ [단어 빅데이터]

◎ **전체 듣기 버전:** [Real 회화] – [단어 빅데이터]를 이어서 한 번에 듣기

 일러두기

◎ 숫자의 독음은 특수하게 읽는 경우에만 표시했습니다.

◎ 별책 〈패턴집〉은 현지에서 활용 시, 빠르게 읽을 수 있도록 한글 발음을 병기했습니다. 한글 발음은 최대한 일본어 발음에 가깝게 싣고자 하였습니다.

◎ 학습에 초점을 맞춰서 원문의 내용과 표현을 직역에 가깝게 번역했습니다.

본책

이럴 땐 이렇게 말하자!
현지 회화 40

일본에서 내가 하고 싶은 말을 속 시원하게 못해서 답답했던 기억 있으시죠? 나의 취향과 바람을 모두 담아 상대방에게 완벽하게 전달할 수 있도록 구체적인 상황별 회화문을 정리했습니다. 그 후 단어 학습을 통해 더 많은 문장을 만들 수 있습니다. 회화문 속의 주인공이 되어 여행 상황을 시뮬레이션해 보세요!

카페

식당

숙박

쇼핑

관광

교통

학습 준비물 2가지!

❶ 입

회화 학습이니까
꼭 입으로 연습해 보세요!

❷ 표정

실제 상황인 것처럼
표정도 실감 나게 연습하면
문장이 더 잘 외워집니다. 진짜예요!

PART 1

카페

Scene #1

스타벅스에서 말차 프라푸치노 주문하기

이 문장, 무슨 뜻일까요? ✦

サイズはいかがなさいますか。

이런 말을 할 수 있어요. ✦

휘핑크림 많이 부탁드려요.

책을 학습한 뒤,
동영상 강의를 보며
마무리합니다.

 책 학습하기 ✕ mp3 파일 듣기 ✕ 동영상 강의 보기

문장

1

사이즈는 어떻게 하시겠어요?

サイズはいかがなさいますか。

▶ サイズ는 大きさ로 바꿔 말할 수 있어요. 또한 카페에 따라 다양한 사이즈 표기법을 사용하며, S/M/L로 표기하는 곳도 많습니다. いかがなさいますか는 どうしますか(어떻게 할 거예요?)를 더 정중하게 말하는 표현이에요.

2

휘핑 크림 많이 올려주세요.

ホイップ多めでお願いします。

▶ '휘핑크림'은 원래 ホイップクリーム라고 하는데, 보통 줄여서 ホイップ라고 해요. 또 生ク リーム(생크림)라고 바꿔 말하기도 해요. 또한 多めで(좀 많이)와 少なめで(좀 적게)라는 표 현을 활용해서 내 입맛에 맞게 음료를 주문할 수 있으니 함께 알아 두세요.

16

회화 속 문장과 단어를 미리 익혀 두면 회화문이 훨씬 쉽게 느껴져요!

단어

❶

てんない
店内

가게 안, 매장 안

❷

も　　かえ
持ち帰り

포장, 테이크아웃

❸

まっちゃ
抹茶

말차

❹

おお
多め

좀 많은 정도, 넉넉함

❺

ちょうど

정확히, 마침

❻

の　　もの
飲み物

마실 것, 음료

❼

みぎ て
右手

오른손, 오른쪽

❽

だ
出す

내다, 꺼내다

01-1.mp3

#01. 스타벅스에서 말차 프라푸치노 주문하기

점원　お待たせしました。店内ご利用ですか。

나　いいえ、持ち帰りでお願いします。抹茶フラペチーノ
　　を一つください。

점원　❶かしこまりました。サイズはいかがなさいますか。

나　サイズはトールサイズでお願いします。

점원　はい、トールサイズですね。トッピングは❷どうされますか。

나　ホイップ多めでお願いします。

점원　かしこまりました。500円でございます。

나　(支払いする)はい、お願いします。

점원　ちょうど頂きます。お飲み物は❸右手のカウンターから
　　お出しします。

Plus　일본에서 계산할 때는 돈을 손에서 손으로 건네지 않도록 주의하세요. 카운터 앞에 놓여 있는 트레이에
　　돈을 놓으면 점원이 가져가서 계산을 하고 거스름돈도 트레이에 올려 놓는 방식이 일반적입니다.

점원　오래 기다리셨습니다. 매장 안에서 드시겠습니까?

나　　아니요, 포장으로 부탁해요. 말차 프라푸치노 하나를 주세요.

점원　알겠습니다. 사이즈는 어떻게 하시겠어요?

나　　사이즈는 톨 사이즈로 부탁드려요.

점원　네, 톨 사이즈 말이죠. 토핑은 어떻게 하시겠어요?

나　　휘핑크림 많이 부탁드려요.

점원　알겠습니다. 500엔입니다.

나　　(돈을 건넨다.) 네, 부탁드려요.

점원　딱 맞게 받았습니다. 음료는 오른쪽 카운터에서 내 드릴게요.

표현

❶ **かしこまりました 알겠습니다**
　"알겠습니다."를 정중하게 말할 때 쓰는 표현입니다. 특히 손님이나 상사에게 자주 써요.

❷ **どうされますか 어떻게 하실 건가요?**
　される는 '하시다'라는 뜻으로 する(하다)의 정중한 표현입니다.

❸ **右手 오른쪽**
　방향을 나타낼 때 '오른쪽'은 右手, '왼쪽'은 左手라고 합니다. 덧붙여 右手側, 左手側도 잘 쓰니 함께
　기억해 두세요.

19

단어 빅데이터

커피의 맛

酸味	甘味	濃い	薄い
さん み	あま み	こ	うす
신맛(=산미 있는 커피)	단맛(=산미 없는 커피)	진하다	연하다

우유 종류

牛乳	オーツミルク	アーモンドミルク	豆乳
ぎゅうにゅう			とうにゅう
우유	오트(귀리) 밀크	아몬드 밀크	두유

온도

ホット	アイス	氷少なめに	氷多めに
		こおりすく	こおりおお
핫(hot)	아이스(ice)	얼음 적게	얼음 많이

잔 수

1杯	2杯	3杯	4杯
いっぱい	に はい	さんばい	よんはい
한 잔	두 잔	세 잔	네 잔

옵션

ホイップ(クリーム)	チョコチップ	はちみつソース
휘핑(크림)	초코칩	꿀 소스
ショット追加	バニラシロップ	キャラメルシロップ
샷 추가	바닐라시럽	캐러멜시럽

Scene #2

카페에서 아이스 음료를 시켰는데
뜨거운 음료가 나왔을 때 대처하기

이 문장, 무슨 뜻일까요? ✨

> はい けん
> レシートを拝見してもよろしいですか。

이런 말을 할 수 있어요. ✨

> 아이스 카페라떼를 시켰는데요.

책을 학습한 뒤,
동영상 강의를 보며
마무리합니다.

책 학습하기　　　mp3 파일 듣기　　　동영상 강의 보기

1

영수증을 봐도 괜찮을까요?

レシートを拝見^{はいけん}してもよろしいですか。

▶ 拝見^{はいけん}する는 見^みる(보다), 読^よむ(읽다)의 겸양 표현으로, 상대에게 정중히 말할 때 쓰는 표현이에요. 비슷한 표현으로 見^みせていただいてもよろしいですか(보여 주실 수 있나요?)가 있습니다.

2

아이스 카페라떼를 시켰는데요.

アイスのカフェラテを頼^{たの}んだのですが…。

▶ 頼^{たの}む는 注文^{ちゅうもん}する로 바꿔 쓸 수 있어요. 따라서 頼^{たの}んだのですが는 注文^{ちゅうもん}したのですが로 바꿔서 말할 수 있습니다. 추가 꿀팁으로 頼^{たの}みました처럼 말끝을 확실히 맺기보다는 頼^{たの}んだのですが…라고 말끝을 흐려 말하는 게 좀 더 자연스럽습니다.

단어

①

デザート

디저트

②

たの
頼む

부탁하다, 주문하다, 시키다

③

たいへん
大変

대단히, 몹시

④

もう　わけ
申し訳ございません

죄송합니다

⑤

よろしい

좋다, 良い의 정중한 말씨

⑥

レシート

영수증

⑦

はいけん
拝見する

보다, 見る・読む의 겸손한 말씨

⑧

しつれい
失礼

실례

23

🎧 02-1.mp3

#02. 카페에서 아이스 음료를 시켰는데 뜨거운 음료가 나왔을 때 대처하기

점원　お待たせしました。デザートセットのケーキと
❶ホットのカフェラテです。

나　あの、すみません。アイスのカフェラテを頼んだのですが…。

점원　大変申し訳ございませんでした。レシートを拝見してもよろしいですか。

나　はい…。(レシートを見せる。)

점원　大変失礼いたしました。すぐお作りしますので、おかけになって、お待ちいただけますか。

(数分後)

점원　大変お待たせ致しました。アイスのカフェラテです。

나　ありがとうございます。❷ガムシロップはどこですか。

점원　あちらにございます。❸ごゆっくりどうぞ。

Plus　일본에서 레시트라고 하면 구매 후 레지스터로 출력되는 영수증을 말합니다. 회사 제출용 영수증이 필요할 때는 수기로 작성하는 領収書를 부탁해 보세요. 또한 일본에는 현금영수증이라는 제도가 없답니다.

점원　오래 기다리셨습니다. 디저트 세트 케이크와 따뜻한 카페라떼입니다.

나　　저, 죄송한데요. 아이스 카페라떼를 시켰는데요.

점원　대단히 죄송했습니다. 영수증을 봐도 될까요?

나　　네…. (영수증을 보여준다.)

점원　대단히 실례했습니다. 바로 만들어 드릴 테니, 앉아서 기다려 주시겠어
　　　요?

　　　(잠시 후)

점원　대단히 오래 기다리셨습니다. 아이스 카페라떼입니다.

나　　감사합니다. 액상 시럽은 어디에 있어요?

점원　저쪽에 있어요. 편안한 시간 보내세요.

❶ **ホット 핫(HOT)**

따뜻한 음료를 말할 때는 영어의 HOT을 활용하여 ホット라고 합니다. 따라서 '따뜻한 커피'는 ホッ
トコーヒー라고 해요.

❷ **ガムシロップ 액상 시럽**

카페에 놓여 있는 액상 시럽을 말해요. 보통 砂糖(설탕), ミルク(액상 프림)와 함께 배치되어 있습니다.

❸ **ごゆっくりどうぞ 편안한 시간 보내세요**

한국에서는 주로 "즐거운 시간 보내세요"라고 말하지만, 일본에서는 "편안한 시간 보내세요"라고 표현합
니다.

점원이 자주 쓰는 표현

お伺いします。
주문 도와 드리겠습니다.

こちらへどうぞ。
이쪽으로 오세요.

確認いたします。
확인하겠습니다.

少々お待ちください。
잠시 기다려 주세요.

ただいまお持ちいたします。
지금 가져다 드릴게요.

失礼します。
실례하겠습니다.

お待たせいたしました。
오래 기다리셨습니다.

ごゆっくりどうぞ。
편안한 시간 되세요.

카페 용품

ガムシロップ
검 시럽, 액상 시럽

砂糖
설탕

ナプキン
냅킨

ストロー
빨대

マドラー
머들러, (음료를) 휘젓는 막대

スリーブ
컵 홀더

ウェットティッシュ
물티슈

ミルク
액상 프림

자리

穴場
숨은 핫플, 숨은 명소

テラス席
테라스석

相席
합석

空いてる席
빈 자리

기타

番号札
번호표

順番待ち
순번 대기

返却
반납

카페에서 머그컵으로 마시던 음료 테이크아웃하기

이 문장, 무슨 뜻일까요? ✦

<ruby>預<rt>あず</rt></ruby>

お預かりいたします。

이런 말을 할 수 있어요. ✦

다 못 마셔서 포장해 가고 싶은데 가능할까요?

책을 학습한 뒤,
동영상 강의를 보며
마무리합니다.

 × ×

책 학습하기   mp3 파일 듣기   동영상 강의 보기

워밍업 문장·단어 먼저 익히기

1

건네주시겠어요?

お預かりいたします。
あず

▶ 직역하면 '맡아 드리겠습니다'라는 뜻으로, 계산을 하거나 물건을 맡길 때 들을 수 있는 표현입니다. 돈이나 물건을 건네는 중이나 후에 듣는다면 '받았습니다'라는 뜻이 됩니다.

2

다 못 마셔서 포장해 가고 싶은데 가능할까요?

飲みきれなくて、持ち帰りたいんですが、
できますか。

▶ 동사 ます형 뒤에 きる를 붙이면 '다 ~하다'라는 뜻이 됩니다. 따라서 飲みきる는 '다 마시다'라는 뜻이 됩니다. 참고로 '다 먹다'는 食べきる라고 한답니다.

단어

①

飲みきる

다 마시다

②

持ち帰る

가지고 돌아가(오)다, 포장해 가다

③

預かる

맡다, 보관하다

④

紙コップ

종이컵

⑤

入れ替える

옮겨 담다, 교체하다

⑥

待つ

기다리다

⑦

ラストオーダー

라스트 오더, 마지막 주문

⑧

閉店時間

폐점 시간

🎧 03-1.mp3

#03. 카페에서 머그컵으로 마시던 음료 테이크아웃하기

나 ❶すみません。飲みきれなくて、持ち帰りたいんですが、

できますか。

점원 はい。できます。お預かりいたします。

나 お願いします。

(紙コップに入れ替える。)

점원 お待たせいたしました。

나 ありがとうございます。❷あとすみません、このお店は

何時までですか。

점원 ラストオーダーは❸20時30分までで、閉店時間は21時

でございます。

나 分かりました。ありがとうございます。

점원 またお待ちしております。

Plus 매장 이용 시에는 マグカップ(머그컵) 혹은 ガラスカップ(유리컵)에 음료를 담아 줍니다. 이때 "カップを持ち帰り用にしてください(컵을 테이크아웃용으로 해 주세요)"라고 하면 매장에서 마시더라도 테이크아웃용 컵에 음료를 받을 수 있어요.

나   저기요. 다 못 마셔서 포장해 가고 싶은데요, 가능할까요?

점원   네. 가능합니다. 건네주시겠어요?

나   부탁드려요.

(종이컵에 옮겨 담는다.)

점원   오래 기다리셨습니다.

나   감사합니다. 그리고 죄송한데요, 이 가게는 몇 시까지예요?

점원   라스트 오더는 저녁 8시 30분까지고, 폐점 시간은 저녁 9시입니다.

나   알겠습니다. 감사합니다.

점원   또 오세요.

❶ **すみません 저기요**
'실례합니다, 죄송합니다, 저기요' 등의 의미가 있어 만능 표현으로 쓸 수 있는 すみません은 상황에 따라 다양하게 해석할 수 있는데요. 실제 회화에서는 더 쉽게 발음하기 위해 すいません이라고도 합니다.

❷ **あと 그리고**
'그리고'라는 의미 외에 '뒤'라는 뜻도 있습니다. 회화에서 자주 쓰이는 표현 중 하나예요.

❸ **20時 저녁 8시**
일본은 주로 시간을 24시간제로 말합니다(예 저녁 6시는 18時). 따라서 한국인에게 익숙한 12시간제로 말하면 오전인지 오후인지 헷갈릴 수 있으니, 앞에 午前(오전) 또는 午後(오후)를 붙여서 말하는 것이 좋습니다(예 낮 2시는 午後2時).

31

영업시간

開店 かいてん	閉店 へいてん	短縮営業 たんしゅくえいぎょう
개점, 가게 문을 엶	폐점, 가게 문을 닫음	단축 영업
定休日 ていきゅうび	休日 きゅうじつ	土日 どにち
정기 휴일	휴일	토일(주말)
祝日 しゅくじつ	午前 ごぜん	午後 ごご
공휴일	오전	오후

포장·테이크아웃

持ち帰り もちかえり	テイクアウト	手提げ袋 てさげぶくろ
포장	테이크아웃	손잡이가 달린 종이 쇼핑백
保冷剤 ほれいざい	持って行く もっていく	持って帰る もってかえる
보냉제	가져가다	가지고 돌아가다
持ち歩く もちあるく	持ち運ぶ もちはこぶ	包む つつむ
가지고 다니다, 휴대하다	들어 나르다, 운반하다	포장하다, 싸다

결제 수단

現金 げんきん	クレジットカード	商品券 しょうひんけん
현금	신용 카드	상품권

交通系ICカード こうつうけい	ギフト券 けん
IC 교통 카드	기프트 티켓, 기프티콘
*Suica, PASMO 등의 교통 카드로도 결제가 가능한 경우가 있음.	*ギフトチケット 라고도 함.

카페에서 음료를 쏟았는데
닦아 줄 수 있는지 묻기

이 문장, 무슨 뜻일까요? ✨

お洋服は大丈夫ですか。
（ようふく）（だいじょうぶ）

이런 말을 할 수 있어요. ✨

뭔가 닦을 것을 받을 수 있을까요?

책을 학습한 뒤,
동영상 강의를 보며
마무리합니다.

 × ×

책 학습하기 mp3 파일 듣기 동영상 강의 보기

워밍업 문장·단어 먼저 익히기

 문장

1

옷은 괜찮으세요?

お洋服は大丈夫ですか。
よう ふく　　　だい じょう ぶ

▶ '옷'은 일본어로 服 혹은 洋服라고 합니다. 원래 洋服는 일본 옷인 和服에 대비되는 개념으로, 서양 스타일의 옷을 말하는데요. 옛날에는 洋服·和服의 구별이 있었기 때문에 이 말에 의미가 있었겠지만, 현재 洋服는 일반적인 옷이라는 의미로 쓰입니다. 참고로 한국에서 말하는 '양복'은 일본에서 スーツ 혹은 背広라고 해요.

2

뭔가 닦을 것을 받을 수 있을까요?

何か拭くものをもらえますか。
なに　　ふ

▶ '닦을 것'은 일본어로 拭くもの라고 합니다. 이외에도 닦을 것을 요청할 때 おしぼり(물수건), ウェットティッシュ(물티슈)라는 표현도 사용해 보세요. もらえますか는 '받을 수 있을까요?'라는 뜻으로, 비슷한 표현인 ください(주세요)보다 상냥한 느낌이라 실제 회화에서 많이 씁니다.

단어

①

こぼす

흘리다, 엎지르다

②

ふ
拭く

닦다

③

どちら

어느 쪽, どこ의 정중한 말씨

④

ようふく
洋服

(서양식) 옷

⑤

こぼれる

넘치다, 흘러내리다

⑥

て あら
お手洗い

손 씻는 곳, 화장실

⑦

すす
進む

나아가다

⑧

かど
角

구석, 모퉁이

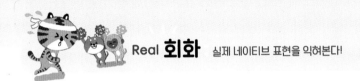

🎧 04-1.mp3

#04. 카페에서 음료를 쏟았는데 닦아 줄 수 있는지 묻기

나   すみません。飲（の）み物（もの）をこぼしてしまったので、何（なに）か拭（ふ）くものをもらえますか。

점원   お拭（ふ）きいたしますね。❶どちらですか。

나   すみません、あそこです。

점원   お洋服（ようふく）は大丈夫（だいじょうぶ）ですか。

나   服（ふく）にはこぼれなかったので大丈夫（だいじょうぶ）です。

점원   良（よ）かったです。お飲（の）み物（もの）、新（あたら）しいものをお持（も）ちいたしますね。

나   ありがとうございます。あと、すみません。❷お手洗（てあら）いはどこですか。

점원   こちらをまっすぐ進（すす）んでいただいて、角（かど）を右（みぎ）❸でございます。

나   ありがとうございます。

Plus   음료를 쏟았을 경우, "おしぼりください(물수건 주세요)"라고 말해 보세요. 가게에 따라 다르지만, 음료를 새로 만들어 주는 경우가 많습니다. 또 테이블 정리가 필요한 경우엔 "すみません、テーブルを拭（ふ）いてもらえますか(죄송해요, 테이블을 닦아 주시겠어요?)"라고 점원에게 도움을 요청해 보세요.

나   저기요. 음료를 쏟아서 그러는데, 뭔가 닦을 것을 받을 수 있을까요?

점원   닦아 드릴게요. 어느 쪽일까요?

나   죄송해요, 저기예요.

점원   옷은 괜찮으세요?

나   옷에는 흘리지 않아서 괜찮습니다.

점원   다행이에요. 음료, 새것을 가져다 드릴게요.

나   감사합니다. 그리고 실례해요. 손 씻는 곳은 어디예요?

점원   이쪽을 쭉 가셔서 모퉁이에서 오른쪽입니다.

나   감사합니다.

❶ どちら 어느 쪽

장소를 가리킬 때는 ここ(여기) · そこ(거기) · あそこ(저기) · どこ(어디)라고 하는데요. 더욱 정중하게 표현할 때는 こちら · そちら · あちら · どちら로 말합니다.

❷ お手洗い 손 씻는 곳(화장실)

본래 '손 씻는 곳'을 의미하지만, '화장실'을 완곡하게 말하고 싶을 때도 쓸 수 있는 표현이에요. 손 씻는 곳은 보통 화장실이나 그 근처에 있기 때문입니다. トイレ는 '볼일을 보는 곳'이라는 의미여서 직설적인 인상을 주기 때문에, 간접적으로 돌려서 말하고 싶을 때는 お手洗い라는 표현을 많이 써요.

❸ でございます 입니다

です(입니다)를 정중하게 말할 때 でございます로 바꿔 말할 수 있습니다. 주로 윗사람이나 손님에게 말할 때 사용해요.

실수 상황 표현

ソースが洋服につく 소스가 옷에 묻다 *つく 붙다, 묻다	**コップに腕が当たってコーヒーをこぼす** 컵에 팔이 닿아서 커피를 엎지르다 *当たる 닿다, (들어)맞다
コップを割る 컵을 깨뜨리다 *割る 깨뜨리다, 깨다	**服が汚れる** 옷이 더러워지다 *汚れる 더러워지다
ジュースが洋服に飛ぶ 주스가 옷에 튀다 *飛ぶ 날다, 날아가다, 튀다	**ジュースが洋服に跳ねる** 주스가 옷에 튀다 *跳ねる 튀다
床がツルツルする 바닥이 미끌미끌하다 *ツルツルする 미끌미끌하다, 매끈하다	**ジュースが手についてベタベタする** 주스가 손에 묻어서 끈적끈적하다 *ベタベタする 끈적끈적하다

화장실 관련 용어

男子トイレ 남자 화장실	**女子トイレ** 여자 화장실	**鏡** 거울
手洗い場 손 씻는 곳	**ハンドソープ** 핸드솝, 손 세정제	**石鹸** 비누
ウォシュレット 비데	**トイレットペーパー** 두루마리 휴지	**音姫** 에티켓 벨

식당

이자카야에서 야키토리 주문하고 나 홀로 생맥하기

이 문장, 무슨 뜻일까요? ✦

お先（さき）にこちら、
お通（とお）しのサラダになります。

이런 말을 할 수 있어요. ✦

모모 1개, 네기마 2개, 그리고 카와를 1개 부탁드려요.

책을 학습한 뒤,
동영상 강의를 보며
마무리합니다.

 × ×

책 학습하기　　mp3 파일 듣기　　동영상 강의 보기

워밍업 문장·단어 먼저 익히기

문장

1

먼저 여기 유료 안주인 샐러드입니다.

お先にこちら、
お通しのサラダになります。

▶ 이자카야에서 주문을 마치면 お通し라는 음식을 가져다주는데요. 주문하지 않아도 가져다주기 때문에 무료 안주라고 생각하기 쉽지만 유료입니다. 가게에 따라 다르지만, 대부분 300~500엔 정도의 금액이며, 기본적으로 거절할 수 없는 분위기라서 주문한 음식을 기다리는 동안 입가심 으로 お通し를 먹습니다.

2

모모 1개, 네기마 2개, 그리고 카와를 1개 부탁드려요.

*모모(넓적다리 살), 네기마(닭고기와 대파 꼬치), 카와(닭 껍질)

もも1本、ネギマ2本、あと、皮を
1本でお願いします。

▶ 연필, 볼펜, 꼬챙이 등과 같이 가늘고 긴 것을 셀 때는 ~本(~자루, ~개)이라고 합니다. 다음과 같이 바꿔 말해 보세요. 2자루 2本 / 3자루 3本 / 4자루 4本 / 5자루 5本

42

단어

❶

よやく
予約

예약

❷

ひとり さま
お一人様

한 분

❸

ちゅうもん
注文

주문

❹

うかが
伺う

여쭙다, 찾아뵙다

❺

や とり
焼き鳥

야키토리, 꼬치구이

❻

しお
塩

소금

❼

えら
選ぶ

고르다

❽

とお
お通し

유료 안주
* 주문한 요리 전에 나오는 간단한 음식

🎧 05-1.mp3

#05. 이자카야에서 야키토리 주문하고 나 홀로 생맥하기

점원 　いらっしゃいませ。ご予約のお客様ですか。

나 　いいえ。予約はしてないです。

점원 　❶お一人様ですね。こちらへどうぞ。

나 　(席につく。)

점원 　ご注文お伺いします。

나 　焼き鳥で、もも１本、ネギマ２本、あと、皮を１本で
お願いします。それと❷生ください。

점원 　焼き鳥の味はどうされますか。❸たれと塩からお選び
ください。

나 　ネギマは塩で、あとはたれにしてください。

점원 　はい。かしこまりました。お先にこちら、お通しの
サラダになります。

Plus　야키토리 메뉴 중 츠쿠네(닭고기 완자)를 주문하면 주로 달달한 간장(たれ)에 달걀노른자를 곁들인 소스가 세트로 나오는데요. 세트로 안 나올 경우, 많은 일본인들이 별도로 주문해서 먹을 정도입니다. 달달한 간장 소스에 달걀노른자를 터트려 함께 먹으면 부드럽고 고소한 맛이 배가 되거든요. 꼭 한번 먹어 보세요.

점원　어서 오세요. 예약하신 손님인가요?

나　　아니요. 예약은 안 했어요.

점원　한 분이시군요. 이쪽으로 오세요.

나　　(자리에 앉는다.)

점원　주문 도와 드리겠습니다.

나　　야키토리로 모모 1개, 네기마 2개, 그리고 카와를 1개 부탁드려요.
　　　그거랑 생맥 주세요.

점원　야키토리 맛은 어떻게 하시겠어요? 간장 소스랑 소금에서 선택해주세요.

나　　네기마는 소금으로, 나머지는 간장 소스로 해 주세요.

점원　네. 알겠습니다. 먼저 여기 유료 안주인 샐러드입니다.

표현

❶ **お一人様 한 분**
점원이 손님을 칭할 때 '한 분'은 お一人様(ひとりさま) 또는 1名様(いちめいさま)라고 말하고, '두 분'은 お二人様(ふたりさま) 또는 2名様(にめい)
様(さま)라고 하는데요. 세 명 이상의 경우에는 「숫자 + 名様(めいさま)」라고 합니다.
　참 세 분 3名様(さんめいさま) / 네 분 4名様(よんめいさま) / 다섯 분 5名様(ごめいさま)

❷ **生 생맥**
生(なま)ビール(생맥주)를 줄여서 生(なま)라고 합니다. 우리가 생맥주를 '생맥'으로 줄여서 말하는 것과 비슷하죠?
그래서 맥주 한 잔을 시킬 때는 生一(なまひと)つ라고 말하면 돼요.

❸ **たれ 간장 소스**
간장과 설탕을 베이스로 한 달짝지근한 양념을 たれ라고 합니다. 불고기 양념과 비슷한 맛으로 샤브샤브
나 야키니쿠 등 고기를 먹으러 가면 꼭 있는 일본의 대표적인 소스 중 하나예요.

45

야키토리 메뉴

ねぎま 닭고기 + 파	**つくね** 닭고기 완자(미트볼, 동그랑땡 같음)	**手羽先**^{てばさき} 닭날개
ささみ 가슴살	**もも** 넓적다리살	**皮**^{かわ} 껍질
軟骨^{なんこつ} 연골	**はつ** 심장	**砂ぎも**^{すな} 닭똥집

음료 메뉴

ハイボール 하이볼, 위스키에 소다수를 넣은 음료	**日本酒**^{にほんしゅ} 청주, 사케	**酎ハイ/チューハイ**^{ちゅう} 츄하이 *소주에 탄산수를 탄 음료
焼酎^{しょうちゅう} 소주	**サワー** 사와 *소주와 과일음료를 혼합한 음료	**カクテル** 칵테일

술 마시는 유형에 따른 주문방식

ロック 술 + 얼음, 온더락	**水割り**^{みずわ} 술 + 얼음 + 물	**炭酸割り**^{たんさんわ} 술 + 얼음 + 탄산수
ソーダ割り^わ 술 + 얼음 + 소다	**お茶割り**^{ちゃわ} 술 + 얼음 + 차	**お湯割り**^{ゆわ} 술 + 뜨거운 물
徳利^{とくり} 도쿠리(사케를 담는 작은 술병)	**熱かん**^{あつ} 사케를 뜨겁게 데운 술	**ジョッキ** (손잡이가 달린) 생맥주 잔

샤브샤브집에서 안 매운 국물로
타베호다이 이용하기

이 문장, 무슨 뜻일까요? ✦

お好きなだしを一つお選びいただけます。

이런 말을 할 수 있어요. ✦

2인분 부탁해요.

책을 학습한 뒤,
동영상 강의를 보며
마무리합니다.

 책 학습하기   ×   mp3 파일 듣기   ×   동영상 강의 보기

문장

1

좋아하는 육수를 하나 선택하실 수 있어요.

お好きなだしを一つお選びいただけます。

▶ '육수'라는 뜻의 だし 대신 スープ를 사용할 수도 있습니다. 점원에게 スープのお味はいかが なさいますか(스프의 맛은 어떻게 하시겠어요?)라는 질문을 받을 수 있어요.

2

2인분 부탁해요.

2人前お願いします。

▶ '~인분'은 ~人前라고 합니다. 다음과 같이 바꿔 말해 보세요.
1인분 1人前 / 2인분 2人前 / 3인분 3人前 / 4인분 4人前 / 5인분 5人前

단어

①
にんまえ
2人前

2인분

②
だし

육수

③
から
辛い

맵다

④
どれ

어느 것

⑤
しょう ゆ
醤油

간장

⑥
へん こう
変更

변경

⑦
にく
肉

고기

⑧
つい か
追加

추가

🎧 06-1.mp3

#06. 샤브샤브집에서 안 매운 국물로 타베호다이 이용하기

점원 ご注文お伺いします。

나 (メニューを見ながら)このしゃぶしゃぶの❶食べ放題を
2人前お願いします。

점원 お好きなだしを一つお選びいただけます。

나 辛いものが苦手なんですけど、辛くないだしはどれで
すか。

점원 辛くないだしはこちらの鶏ガラ醤油だしになります。

나 そしたら、鶏ガラ醤油だしでお願いします。
あと❷飲み放題もつけられますか。

점원 はい。プラス300円で飲み放題に変更できます。

나 では、変更してください。

점원 はい。かしこまりました。お肉の❸追加オーダーは
テーブルにあるタッチパネルでご注文お願いします。

Plus **食べ放題**는 일정한 종류 내에서 시간제 무한리필로 먹는 것을 말해요. 고기, 스시, 샤브샤브, 아시안 음식, 케이크, 디저트 등 다양한 종류의 타베호다이가 있어요. 한꺼번에 여러 종류의 음식을 먹는 한국식 뷔페는 일본에서는 バイキング 혹은 ビュッフェ라고 하니 유의하세요!

점원　주문 도와 드리겠습니다.

나　　(메뉴를 보면서) 이 샤브샤브 무한 리필 2인분 부탁해요.

점원　좋아하는 육수를 하나 선택하실 수 있어요.

나　　매운 것을 잘 못 먹는데요, 안 매운 육수는 어느 거예요?

점원　맵지 않은 육수는 이쪽의 닭뼈 간장 육수입니다.

나　　그러면 닭뼈 간장 육수로 부탁드려요. 그리고 음료 무제한도 시킬 수 있나요?

점원　네. 300엔 추가하시면 음료 무제한으로 변경할 수 있습니다.

나　　그럼 변경해 주세요.

점원　네. 알겠습니다. 고기 추가 주문은 테이블에 있는 터치 패널로 주문 부탁드립니다.

표현

❶ **食べ放題 무한 리필**
보통 90분 ~ 120분 동안 이용할 수 있습니다. 그리고 라스트 오더 시간이 정해져 있는 가게가 많으니 주의하세요.

❷ **飲み放題 음료 무제한**
가게에 따라서는 ドリンクバー라고 표현하기도 합니다.

❸ **追加 추가**
참고로 '육수 추가'는 일본어로 だし汁の追加라고 합니다. 육수를 추가하고 싶을 경우 점원에게 "だし汁の追加をお願いします(육수 추가해 주세요)"라고 말해 보세요.

단어 빅데이터

🎧 06-2.mp3

육수 종류

白だし 시로다시 *가다랑어포와 다시마 등을 끓여 우려낸 육수	**チゲだし** 찌개 육수
鶏ガラだし 닭뼈 육수	**昆布だし** 다시마 육수

맛 표현

普通においしい 평범하게 맛있다	**まずい** 맛없다	**辛い** 맵다
甘い 달다	**甘ったるい** 달콤하다, 달디달다	**さっぱりする** 시원하다, 개운하다
あっさりする 깔끔하다, 담백하다	**脂っこい** 느끼하다, 기름지다	**酸っぱい** 시다, 시큼하다
苦い 쓰다	**ほろ苦い** 쌉쌀하다	**薄い** 싱겁다
甘辛い 매콤달콤하다	**しょっぱい** 짜다 *しおからい 짜다(관서 지방)	**渋い** 떫다
優しい 부드럽다, 순하다	**とろける** 살살 녹다	**病みつきになる** 중독되다

초밥집에서 제철 스시
오마카세 주문하기

이 문장, 무슨 뜻일까요? ✦

ご注文はお決まりですか。

이런 말을 할 수 있어요. ✦

지금 제철인 초밥은 뭐예요?

책을 학습한 뒤,
동영상 강의를 보며
마무리합니다.

책 학습하기 × mp3 파일 듣기 × 동영상 강의 보기

문장

1

주문은 정하셨을까요?

ご注文はお決まりですか。

▶ 카페나 식당에서 점원이 자주 쓰는 표현입니다. ご注文はいかがなさいますか(주문은 어떻게 하시겠어요?)라고 할 수도 있어요.

2

지금 제철인 초밥은 뭐예요?

今、旬のお寿司は何ですか。

▶ 旬은 '제철'이라는 뜻입니다. 寿司 앞에 お를 붙이면 상대방에게 공손하게 말하거나, 해당 단어 를 더 예쁘게 표현할 수 있어요. 참고로 '초밥집'은 お寿司屋さん이라고 하며, '회전초밥집'은 回転寿司屋さん이라고 합니다.

단어

①

まよ
迷う

망설이다, 헤매다

②

しゅん
旬

(어패, 야채, 과일 등이
가장 맛있는) 철, 제철

③

いくら

연어알

④

ネタ

재료, 원료

⑤

まぐろ

참치

⑥

サバ

고등어

⑦

シャリ

(초밥용) 밥

⑧

べつ ざら
別皿

다른 접시

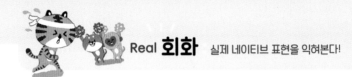

🎧 07-1.mp3

#07. 초밥집에서 제철 스시 오마카세 주문하기

점원 ご注文はお決まりですか。

나 メニューが多すぎて❶迷ってます。今、旬のお寿司は
何ですか。

점원 今、旬なのはいくらです。今朝届いたばかりなので
新鮮です。

나 そうなんですね！あの、❷おまかせってできますか。

점원 はい、もちろんです。何かお好きなネタはありますか。

나 いくらとまぐろは入れてください。
あと、サーモンとサバは苦手なので…。

점원 ❸承知いたしました。シャリの量はどうしましょうか。
ワサビも入れて大丈夫ですか。

나 シャリは少なめで、ワサビは別皿でいただけますか。

점원 はい。少々お待ちください。

Plus 에도 시대의 초밥은 크기가 커서 젓가락으로 먹으면 밥알이 흐트러지므로 손으로 먹는 게 기본이었다고 해요. 그래서 일본에서 초밥은 예로부터 손으로 먹는 게 매너라는 인식이 있는데요. 요즘엔 젓가락으로도 많이 먹죠. 고급 초밥집에 가면 맨손으로 먹는 모습을 종종 볼 수 있답니다.

점원   주문은 정하셨을까요?

나   메뉴가 너무 많아서 고민하고 있어요. 지금 제철인 초밥은 뭐예요?

점원   지금 제철인 건 연어알이에요. 오늘 아침 막 도착해서 신선해요.

나   그렇군요! 저기, 오마카세는 가능할까요?

점원   네, 그럼요. 뭔가 좋아하는 재료는 있으세요?

나   연어알이랑 참치는 넣어 주세요.
      그리고 연어랑 고등어는 잘 못 먹어서요.

점원   알겠습니다. 밥의 양은 어떻게 할까요? 고추냉이도 넣어도 괜찮을까요?

나   밥은 적게, 고추냉이는 별도의 접시로 주시겠어요?

점원   네. 잠시 기다려 주세요.

❶ **迷ってます 고민하고 있어요**
고민이 될 때는 "おすすめは何ですか(추천 메뉴는 뭐예요?)"라고 물어보세요.

❷ **おまかせ 오마카세, 주방장 특선**
주문할 음식을 주방장에게 일임하는 것을 말합니다. 참고로 초밥집에서는 おまかせ를 다른 말로 お好み라고도 합니다. 맛이 은은한 초밥부터 진한 초밥 순으로, 혹은 하얀 초밥부터 빨간 초밥 순으로 등 취향에 맞춰 요구할 수도 있어요.

❸ **承知いたしました 알겠습니다**
상대방의 이야기나 정보를 이해했다는 느낌이 강한 표현이에요. 고객이나 상사의 의뢰 및 명령을 받들겠다는 뉘앙스인 かしこまりました처럼 비즈니스 상황에서 쓸 수 있습니다.

단어 빅데이터

🎧 07-2.mp3

초밥 메뉴

サーモン 연어 *연어는 鮭(さけ)라고도 함.	**炙(あぶ)りサーモン** (토치로) 살짝 구운 연어	**マグロ** 참치
大(おお)トロ 참치 대뱃살	**中(ちゅう)トロ** 참치 중뱃살	**ビントロ** 참치 뱃살
エビ 새우	**甘(あま)エビ** 단새우	**ウニ** 성게
ひらめ 광어	**えんがわ** 광어 지느러미	**サバ** 고등어
鯛(たい) 도미	**イカ** 오징어	**タコ** 문어
はまち 새끼방어	**ぶり** 방어	**ホタテ** 가리비
赤貝(あかがい) 피조개	**カニ** 게	**いくら** 연어알
たまご 계란	**いなり寿司(ずし)** 유부초밥	**ネギトロ巻(ま)き** 다진 참치와 파를 넣은 김초밥

기타 메뉴

茶碗蒸(ちゃわんむ)し 일본식 계란찜	**あさり汁(じる)** 모시조개 된장국	**がり** 생강 절임

라멘집에서 양 부족할 때
면 리필하기

이 문장, 무슨 뜻일까요? ✦

今テーブルは満席なので、
カウンターでもよろしいですか。

이런 말을 할 수 있어요. ✦

면 추가 부탁드려요.

문장

1

지금 테이블은 만석이라서 카운터라도 괜찮으세요?

<ruby>今<rt>いま</rt></ruby>テーブルは<ruby>満席<rt>まん せき</rt></ruby>なので、
カウンターでもよろしいですか。

▶ 카운터 석은 주로 요리사 앞에 있는 긴 테이블에 요리사와 마주 보고 옆으로 나란히 앉는 자리를 말해요. 라멘집이나 초밥집과 같은 곳에서 흔히 볼 수 있는 테이블 형태입니다.

2

면 추가 부탁드려요.

<ruby>替<rt>か</rt></ruby>え<ruby>玉<rt>だま</rt></ruby><ruby>お願<rt>ねが</rt></ruby>いします。

▶ 일본은 면을 공처럼 동그란 모양으로 말아서 보관하기 때문에 '구슬, 공'을 뜻하는 <ruby>玉<rt>たま</rt></ruby>라고도 합니다. 그래서 <ruby>替<rt>か</rt></ruby>え<ruby>玉<rt>だま</rt></ruby>는 '바꾸는 면'에서 '사리 추가'로 의미가 확장되었습니다.

단어

❶

なん めい さま
何名様

몇 분

❷

まん せき
満席

만석, 자리가 꽉 참

❸

せき
席につく

자리에 앉다

❹

とん こつ
豚骨ラーメン

돈코츠라멘
*돼지 뼈를 우려낸 국물로 만든 라멘

❺

メンマ

멘마
*죽순을 데쳐서 발효시키고 건조시키거나 염장한 식품

❻

お
終わる

끝내다

❼

もの た
物足りなさ

부족함, 아쉬움

❽

か だま
替え玉

면 추가, 사리 추가

Real **회화** 실제 네이티브 표현을 익혀본다!

🎧 08-1.mp3

#08. 라멘집에서 양 부족할 때 면 리필하기

점원　いらっしゃいませ～！❶何名様<ruby>なんめいさま</ruby>ですか。

나　3人<ruby>にん</ruby>です。

점원　今<ruby>いま</ruby>テーブルは満席<ruby>まんせき</ruby>なので、カウンターでもよろしいですか。

나　はい。大丈夫<ruby>だいじょうぶ</ruby>です。（席<ruby>せき</ruby>につく。）

점원　ご注文<ruby>ちゅうもん</ruby>お伺<ruby>うかが</ruby>いします。

나　醤油<ruby>しょうゆ</ruby>ラーメンと豚骨<ruby>とんこつ</ruby>ラーメン、塩<ruby>しお</ruby>ラーメンください。
　　あと、醤油<ruby>しょうゆ</ruby>ラーメンにメンマを追加<ruby>ついか</ruby>してください。

　　（ラーメンを食<ruby>た</ruby>べ終<ruby>お</ruby>わる頃<ruby>ころ</ruby>、まだ❷物足<ruby>ものた</ruby>りなさを感<ruby>かん</ruby>じた。）

나　すみません。替<ruby>か</ruby>え玉<ruby>だま</ruby>お願<ruby>ねが</ruby>いします。

Plus　일본에서도 シメのラーメン이라고 해서, 한국의 '해장' 개념으로 술을 마시고 끝으로 라멘을 먹는 경우가 많습니다. 특히 국밥을 먹는 것처럼, 일본에서도 따뜻하고 걸쭉한 돈코츠라멘을 많이 먹어요. 참고로 醤油ラーメン(쇼유라멘)을 中華<ruby>ちゅうか</ruby>そば(중화소바)라고 부르는 곳도 있는데, 똑같은 쇼유라멘이니 혼동하지 마세요.

62

점원　어서 오세요~! 몇 분이세요?

나　　세 명입니다.

점원　지금 테이블은 만석이라서 카운터라도 괜찮으세요?

나　　네. 괜찮습니다. (자리에 앉는다.)

점원　주문 도와 드리겠습니다.

나　　쇼유라멘과 돈코츠라멘, 시오라멘 주세요.
　　　그리고 쇼유라멘에 멘마를 추가해 주세요.

　　　(라멘을 다 먹어갈 때 쯤 아직 뭔가 부족함을 느꼈다.)

나　　저기요. 면 추가 부탁드려요.

표현

❶ **何名様 몇 분**
　'몇 명'이라는 뜻의 何人을 더욱 정중하게 표현할 때는 何名様라고 합니다.

❷ **物足りなさ 부족함, 아쉬움**
　직역하면 物는 '물건', 足りない는 '부족하다'는 뜻인데요. 이는 물건이 부족하다는 것이 아니라 '무언가
　부족하다, 아쉽다'는 의미로 쓰는 표현입니다.

단어 빅데이터

🎧 08-2.mp3

라멘 토핑

味玉 (あじたま) 맛달걀(간장 소스에 졸인 달걀)	ネギ 파	チャーシュー 차슈(삶은 돼지고기를 간장에 졸이듯 구운 것)
のり 김	もやし 숙주나물	ほうれん草 (そう) 시금치

맛의 진한 정도

薄め (うす) 연하게	普通 (ふつう) 보통	濃いめ (こ) 진하게

면의 익은 정도

かため 딱딱하게(설익은 정도)	普通 (ふつう) 보통	やわらかめ 부드럽게(푹 익은 정도)

국물의 걸쭉한 정도

あっさり 깔끔하게	普通 (ふつう) 보통	こってり 걸쭉하게	超こってり (ちょう) 완전 걸쭉하게

마늘의 양

なし 없이	少なめ (すく) 적게	多め (おお) 많게

우동집에서 옆 테이블 사람에게 시킨 음식이 무엇인지 물어보기

이 문장, 무슨 뜻일까요? ✦

ぎゅう にく
牛肉うどんですよ。

이런 말을 할 수 있어요. ✦

그건 뭐예요?

문장

1

소고기우동이에요.

<ruby>牛肉<rt>ぎゅう にく</rt></ruby>うどんです**よ**。

▶ 종조사 よ는 상대방이 모르는 새로운 정보를 전달하거나, 자신의 의견을 강조할 때 써요. 반면 종조사 ね의 경우, 상대방에게 공감 및 동의를 구하거나 재차 확인할 때 사용합니다.

2

그건 뭐예요?

それ**って**<ruby>何<rt>なん</rt></ruby>ですか。

▶ って는 문맥에 따라 해석이 다양해서 헷갈리기 쉽습니다. 회화에서 정말 자주 쓰는 표현이므로 기억해 주세요.

의미 1) ~은/는 : 예 おすすめ**って**<ruby>何<rt>なん</rt></ruby>ですか。 추천은 뭐예요?

의미 2) ~라고 : 예 <ruby>帰<rt>かえ</rt></ruby>れ**って**<ruby>言<rt>い</rt></ruby>われた。 돌아가라고 들었다.

의미 3) ~라고 하는 : 예 <ruby>鈴木<rt>すず き</rt></ruby>さん**って**<ruby>人<rt>ひと</rt></ruby> 스즈키 씨라고 하는 사람

의미 4) ~라고 한다, ~래 : 예 <ruby>会<rt>あ</rt></ruby>いたい**って**。 만나고 싶대.

단어

❶

モグモグ

냠냠

❷

~そうだ

~할 것 같다

❸

<ruby>牛肉<rt>ぎゅうにく</rt></ruby>

소고기

❹

もう

이미, 벌써, 이제

❺

えび<ruby>天<rt>てん</rt></ruby>

새우튀김

❻

せっかく

모처럼

❼

<ruby>是非<rt>ぜ ひ</rt></ruby>

부디, 꼭

❽

~てみる

~해 보다

🎧 09-1.mp3

#09. 우동집에서 옆 테이블 사람에게 시킨 음식이 무엇인지 물어보기

나　何にしようかな。

옆 사람 (モグモグ)

나　あの、すみません。それすごくおいしそうですね。
それって何ですか。

옆 사람 あ！これですか。❶牛肉うどんですよ。

나　牛肉うどんですね！ありがとうございます。

옆 사람 あと、もう食べちゃったんですけど、えび天か
❷かき揚げと一緒に食べるとすごくおいしいですよ。

나　そうなんですね！おすすめありがとうございます。
❸せっかくなので食べてみます。

옆 사람 是非食べてみてください。

나　すみません！牛肉うどんとえび天とかき揚げください。

Plus　모르는 사람에게 말을 걸 때에는 すみません 앞에 あの를 덧붙여서 "あの、すみません(저기, 실례합니다)"이라고 말을 걸어 보세요. 점원 등 상대방을 부를 때 유용한 여행 일본어 표현이에요.

나   멀로 할까?

옆 사람 (냠냠)

나   저, 실례해요. 그거 되게 맛있어 보이네요. 그건 뭐예요?

옆 사람 아! 이거요? 소고기우동이에요.

나   소고기우동이군요! 감사합니다.

옆 사람 그리고 이미 먹어 버렸는데요, 새우튀김이나 카키아게랑 같이 먹으면
되게 맛있어요.

나   그렇군요! 추천 감사합니다. 모처럼이니 먹어 볼게요.

옆 사람 꼭 먹어 보세요.

나   저기요! 소고기우동이랑 새우튀김이랑 카키아게 주세요.

표현

❶ **牛肉うどん 소고기우동**
기본 우동에 소고기 고명이 올라간 우동입니다. 참고로 가장 기본 우동은 かけうどん(카케 우동)이라고
합니다.

❷ **かき揚げ 카키아게**
잘게 썬 채소 혹은 해물을 튀김가루에 버무려 만든 튀김을 かき揚げ라고 합니다. 한국의 야채튀김과 비
슷해요.

❸ **せっかく 모처럼**
'이왕 ~했는데'의 뉘앙스를 가진 표현입니다. 비슷한 표현으로는 この際(이참에)가 있으며, 대체해서 사
용할 수도 있어요.

🎧 09-2.mp3

우동 메뉴

かけうどん	**きつねうどん**	**カレーうどん**
일반 우동	유부우동	카레우동

ぶっかけうどん	**ざるうどん**
붓카케 우동	자루 우동
*국물 없는 면에 쯔유(일본식 맛간장)를 뿌린 다음 취향에 따라 무, 생강, 파 등을 넣어 비벼 먹는 우동	*삶은 면을 자루(체)에 담아낸 후 쯔유(일본식 맛간장)에 찍어 먹는 우동

토핑 / 사이드 메뉴

はんじゅくたまご **半熟卵** 반숙란	おんせんたまご **温泉卵** 온천달걀 *노른자는 반숙, 흰자는 반응고된 おんたま 달걀로, 줄여서 温玉라고도 함.	なまたまご **生卵** 날계란
しょう が **おろし生姜** 다진 생강	**すりごま** 갈아서 만든 깨	だいこん **大根おろし** 갈아서 만든 무
とろろ 갈아서 만든 마	めんたい こ **明太子** 명란(젓)	てん **天かす** 튀김 부스러기

튀김 종류

てん **天ぷら** 튀김	あ **かき揚げ** 카키아게 *일본식 야채/해물 튀김	てん **ちくわ天** 치쿠와튀김 *일본식 어묵튀김
てん **いか天** 오징어튀김	てん **さつまいも天** 고구마튀김	てん **とり天** 닭튀김
いそ べ あ **磯辺揚げ** 김말이튀김	てん **かぼちゃ天** 호박튀김	てん **えび天** 새우튀김

인기 장어덮밥집
웨이팅 시간 물어보기

이 문장, 무슨 뜻일까요? ✦

こちらにお名前をお書きになって
お待ちください。

이런 말을 할 수 있어요. ✦

대기 시간이 얼마나 되나요?

1

이쪽에 성함을 적어 주시고 기다려 주세요.

こちらにお名前をお書きになって お待ちください。

▶ 「お+동사 ます형+になる」는 '(상대방이) ~(하)시다'라는 뜻으로 쓰이는 기본적인 존경 표현 입니다. 예를 들어 お読みになる(읽으시다), お帰りになる(귀가하시다)와 같이 사용합니다.

2

대기 시간이 얼마나 되나요?

待ち時間はどのくらいですか。

▶ 待ち는 '대기, 기다림'이라는 의미입니다. 일본의 유명 맛집은 평일에도 대기해야 하는 곳이 많 아 유용하게 쓸 수 있는 표현이에요. 관련 표현으로는 オープン待ち(오픈런), 順番待ち(순번 대기) 등이 있습니다.

단어

1
まじかん
待ち時間

기다리는 시간, 대기 시간

2
あんない
案内

안내

3
はや
早くても

빨라도

4
もど
戻る

되돌아가(오)다

5
ただ

다만, 그런데

6
さき
先に

먼저

7
とお
通す

통하게 하다, 들여보내다

8
りょうしょう
了承

양해

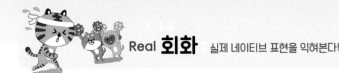
🎧 10-1.mp3

#10. 인기 장어덮밥집 웨이팅 시간 물어보기

나   すみません。今、待ち時間はどのくらいですか。

점원   カウンター席でしたら10分から15分でご案内できま
す。

나   二人なのでテーブル席が良いんですけど、どのくらい
かかりますか。

점원   そうですね。今 ❶満席なので、❷早くても30分はお待
ちいただくかと思います。

나   そうなんですね。そしたら待ちます。

점원   ありがとうございます。こちらにお名前をお書きに
なってお待ちください。

나   はい。ちょっとほかのところに行って30分後くらい
に戻ってきても大丈夫ですか。

점원   はい。ただ、お名前をお呼びした時にいらっしゃらな
い場合、次のお客様を先にお通しいたしますので、
❸ご了承ください。

Plus   장어덮밥과 같이 일식 요리를 다루는 음식점에서는 메뉴판을 メニュー라는 표현 대신에 お品書き로 표
현하는 가게가 많습니다. "메뉴판 주세요"라고 할 때 "お品書きください"라고도 말해 보세요.

74

나 　저기요. 지금 대기 시간이 얼마나 되나요?

점원 　카운터석이라면 10분에서 15분이면 안내 가능합니다.

나 　두 명이라서 테이블석이 좋은데 얼마나 걸릴까요?

점원 　글쎄요. 지금 자리가 꽉 차서 빨라도 30분은 기다리셔야 할 것 같아요.

나 　그렇군요. 그러면 기다릴게요.

점원 　감사합니다. 이쪽에 성함을 적어 주시고 기다려 주세요.

나 　네. 잠시 다른 곳에 갔다가 30분 후쯤 돌아와도 괜찮을까요?

점원 　네. 다만 성함을 불렀을 때 안 계실 경우, 다음 손님을 먼저 들여보내 드리니 양해해 주세요.

표현

❶ 満席 만석(자리가 꽉 참)
반대말은 空席(공석)입니다. 추가로 택시의 자리가 비었을 경우, 空車(공차)라고 표현해요.

❷ 早くても 빨라도
반대말은 遅くても(늦어도)입니다. 시간과 함께 잘 쓰이는 표현이니 알아 두세요.

❸ ご了承ください 양해해 주세요
정중하게 양해를 구할 때 쓰는 표현입니다. 다른 말로 "ご理解ください(이해해 주세요)"를 쓸 수도 있습니다.

장어덮밥 종류

うな丼 (どん)	うな重 (じゅう)	ひつまぶし
장어덮밥	장어덮밥	나고야식 장어덮밥
*덮밥 그릇에 담은 장어덮밥	*重箱(じゅうばこ)라는 사각 찬합에 담은 장어덮밥	*장어구이를 잘게 썰어 얹은 덮밥

메뉴 구성 & 사이즈

単品 (たんぴん)		セット
단품		세트

並 (なみ)	上 (じょう)	特上 (とくじょう)
중간 사이즈	대 사이즈	특대 사이즈

사이드 메뉴

肝吸い (きも す)	赤だし (あか)	オクラ
장어 내장 국물	붉은 된장국	오쿠라
		*여름에 많이 먹는 채소

お親香 (しん こ)	白ご飯 (しろ はん)	玄米ご飯 (げんまい はん)
일본식 채소 절임	흰 쌀밥	현미밥

그 외

産地 (さん ち)	お品書き (しな が)	出前 (で まえ)
(원)산지	메뉴판	(음식) 배달
	*일본 요릿집에서 쓰는 표현으로, 일반적으로 メニュー라고 함.	

일본식 중국집에서 차항(볶음밥) 시키고 숟가락 달라고 하기

이 문장, 무슨 뜻일까요? ✦

以上でよろしいでしょうか。
い じょう

이런 말을 할 수 있어요. ✦

렌게 받을 수 있을까요?

책을 학습한 뒤,
동영상 강의를 보며
마무리합니다.

 책 학습하기　×　 mp3 파일 듣기　×　 동영상 강의 보기

워밍업 문장·단어 먼저 익히기

1

이상으로 괜찮으실까요?

以上でよろしいでしょうか。
<small>い じょう</small>

▶ 추가로 주문할 것은 없는지 물어보는 표현입니다. 짧게 以上でしょうか(이상이실까요?)라고
물어볼 수도 있습니다.

2

렌게 받을 수 있을까요?

レンゲもらえますか。

▶ 라멘이나 우동을 먹을 때 같이 나오는 스푼을 '렌게'라고 합니다. 숟가락의 움푹 들어간 면이 떨
어진 연꽃잎(ちりれんげ)을 닮았다고 하여 붙여진 이름으로, 보통 줄여서 レンゲ라고 합니다.
점원에게 スプーン을 달라고 요청했을 때, 스푼은 없고 렌게는 있다고 할 수도 있으니 명칭을
꼭 기억해 두세요.

78

단어

①

エビ

새우

②

チャーハン

차항, 중국식 볶음밥

③

以上
(い じょう)

이상

④

気が付く
(き つ)

깨닫다, 알아차리다

⑤

レンゲ

렌게, 중국식 숟가락

⑥

もらう

받다

⑦

あと

그리고, 뒤

⑧

取り皿
(と ざら)

앞접시

🎧 11-1.mp3

#11. 일본식 중국집에서 차항(볶음밥) 시키고 숟가락 달라고 하기

나 　すみません。^❶注文いいですか。
ちゅうもん

점원 　お待たせしました。どうぞ。
ま

나 　エビチャーハンを^❷頼みたいんですけど…。
たの

점원 　かしこまりました。エビチャーハンですね。
　　　以上でよろしいでしょうか。
いじょう

나 　はい。以上で。
いじょう

　　　(料理が来てレンゲがついていないことに^❸気が付いた。)
りょうり　き　　　　　　　　　　　　　　　　　　　　　　　　　　　き　つ

나 　すみません。レンゲもらえますか。

점원 　失礼いたしました。お一つでよろしいでしょうか。
しつれい　　　　　　　　　　ひと

나 　はい。あと、取り皿もお願いします。
と　ざら　　ねが

Plus 수저로 밥을 먹는 한국과 달리, 일본에서는 한 손은 밥그릇을 들고, 다른 한 손으로 젓가락을 집어 식사합니다. 된장국도 손으로 들어 직접 입에 대고 마시며, 건더기는 젓가락으로 먹습니다. 일본은 기본적으로 숟가락을 사용하지 않는 문화이기에 당황할 수도 있는데요. 이때는 "スプーンもらってもいいですか(스푼 받을 수 있을까요?)" 혹은 "レンゲください(렌게 주세요)"라고 요청해 보세요.

나　　저기요. 주문 괜찮을까요?

점원　　오래 기다리셨습니다. 말씀하세요.

나　　새우볶음밥을 주문하고 싶은데요.

점원　　알겠습니다. 새우볶음밥 말이죠. 이상으로 괜찮으실까요?

나　　네. 이상으로.

　　　　(음식이 와서 렌게(숟가락)가 없는 것을 깨달았다.)

나　　저기요. 렌게 받을 수 있을까요?

점원　　실례했습니다. 하나면 될까요?

나　　네. 그리고 앞접시도 부탁드려요.

❶ **注文いいですか 주문 괜찮을까요?**
여기서 いいですか는 직역하면 '좋습니까?'라는 뜻이지만, 주로 '괜찮을까요?'의 뜻으로 쓰입니다. 또한 앞에 注文을 생략하고 그냥 손을 들고 いいですか만 말해도 됩니다.

❷ **頼みたいんですけど… 주문하고 싶은데요**
頼む는 원래 '부탁하다'라는 뜻으로 점차 '주문하다'라는 뜻까지 내포하게 되었는데요. 우리말로 하면 '(음식 등을) 시키다' 정도의 뉘앙스라고 생각하면 됩니다. 注文する보다 직접적이지 않아서 조금 더 부드러운 말투라고 할 수 있어요.

❸ **気が付いた 깨달았다**
사전에서 '생각이 들다'를 찾으면 気が付く 또는 気がする라고 나오는데 뉘앙스 차이가 있습니다. 気が付く는 정신이 들어서 무언가를 깨달았을 때 사용하고, 気がする는 왠지 어떠한 느낌이 들 때 '~한 기분이 든다'라는 뜻으로 사용합니다.

중화요리 메뉴

はるまき **春巻** 춘권	てんしんはん **天津飯** 텐신항 *일본식 중화요리의 하나로, 밥 위에 계란부침을 얹고 소스를 뿌려 먹는 요리	マーボーどうふ **麻婆豆腐** 마파두부
エビチリ 칠리새우	ごもく **五目そば** 고모쿠소바(5가지 고명을 얹은 소바)	**シューマイ** 슈마이(딤섬의 일종)
すぶた **酢豚** 탕수육 *기본적으로 소스가 부어진 채로 나옴.	ユーリンチー **油淋鶏** 유린기	**あんかけラーメン** 안카케라멘(탕수육 소스처럼 끈적한 소스에 나오는 라면)

만두 종류

やぎょうざ **焼き餃子** 군만두	すいぎょうざ **水餃子** 물만두	あぎょうざ **揚げ餃子** 튀긴 만두	むぎょうざ **蒸し餃子** 찐 만두

재료

ニラ 부추	**パクチー** 고수	やさい **野菜** 야채	**きのこ** 버섯
しいたけ 표고버섯	**エリンギ** 새송이버섯	**えのき** 팽이버섯	ゆ **ラー油** 고추기름

야키니쿠집에서 좋아하는
부위별로 고기 주문하기

이 문장, 무슨 뜻일까요? ✦

ご<ruby>注文<rt>ちゅう もん</rt></ruby><ruby>確認<rt>かく にん</rt></ruby>させていただきます。

이런 말을 할 수 있어요. ✦

추천 메뉴는 뭐예요?

책을 학습한 뒤,
동영상 강의를 보며
마무리합니다.

 × ×

책 학습하기　　mp3 파일 듣기　　동영상 강의 보기

문장

1

주문 확인해 드리겠습니다.

ご注文確認させていただきます。

▶ 確認させていただきます 대신 繰り返させていただきます(다시 말해 보겠습니다)라고 할 수도 있습니다.

2

추천 메뉴는 뭐예요?

おすすめって何ですか。

▶ 일본 야키니쿠집은 우리나라 고깃집보다 다양한 고기 부위를 팔고 있습니다. 그러다보니 어떤 메뉴를 시킬지 고민이 될 거예요. 이럴 때 이 표현을 이용해서 직원에게 추천을 받아보세요!

단어

①

タブレット

태블릿

②

かいけい
会計

계산

③

お
押す

누르다

④

とうてん
当店

이 가게, 저희 가게

⑤

ぎゅう
牛タン

우설, 소혀

⑥

とくせい
特製

특제

⑦

しお
塩だれ

소금 양념

⑧

め　あ
召し上がる

드시다, 飲む, 食べる의 높임말

🎧 12-1.mp3

#12. 야키니쿠집에서 좋아하는 부위별로 고기 주문하기

점원　ご注文はそちらにある❶タブレットでお願いしております。お会計の際は、パッドにある「❷お会計」ボタンを押してください。

나　はい。分かりました。あと、おすすめって何ですか。

점원　当店は牛タンがおすすめです。牛タン特製塩だれも❸ございますので、是非、召し上がってみてください。

나　そしたら、とりあえず、牛タン２人前、カルビ２人前ください。あと、ビール２つお願いします。

점원　はい。ご注文確認させていただきます。
牛タン２人前、カルビ２人前、ビールが２つでお間違いないでしょうか。

나　はい。お願いします。

Plus　일본에서는 우설(소혀)을 즐겨 먹습니다. 소혀 부위라는 말을 들으면 굳이 소혀까지 먹어야 하나라는 생각이 들 수 있는데요. 입안에서 사르르 녹으면서도 식감이 쫄깃쫄깃해서 일본인들이 즐겨 먹는 음식 중 하나입니다. 고기 전문 야키니쿠집만이 아닌 레스토랑에서도 우설(소혀)은 쉽게 접할 수 있는 메뉴이기도 해요. 일본 여행가면 꼭 한번 드셔보세요.

점원 주문은 그쪽에 있는 태블릿으로 부탁드리고 있습니다. 계산하실 때는
패드에 있는 '계산' 버튼을 눌러 주세요.

나 네. 알겠습니다. 그리고 추천 메뉴는 뭐예요?

점원 저희 가게는 우설이 추천 메뉴예요. 우설 특제 소금 양념도 있으니 꼭
드셔 보세요.

나 그러면 일단 우설 2인분, 갈비 2인분 주세요. 그리고 맥주 두 잔 부탁
드려요.

점원 네. 주문 확인해 드리겠습니다. 우설 2인분, 갈비 2인분, 맥주 두 잔 맞
으실까요?

나 네. 부탁드려요.

❶ **タブレット 태블릿**
유명 체인점에는 대부분 태블릿 메뉴판이 있습니다. 이때 안내받은 테이블에 놓인 태블릿을 사용하면 되
는데요. 기본적으로 외국어 메뉴에서 영어로 언어 전환이 가능하며, 추가로 한국어 서비스를 제공하는 곳
도 있어요.

❷ **お会計 계산**
お会計는 '계산'이라는 뜻으로 '계산해 주세요'라고 할 때 가장 많이 쓰는 단어입니다. 이외에도 계산을
뜻하는 단어에는 お勘定 또는 お愛想가 있는데요. 가게마다 태블릿에 표기되는 문구가 다를 수 있으니
お会計와 함께 세트로 알아 두세요.

❸ **ございます 있습니다**
ございます는 あります(있습니다)를 더욱 정중하게 표현하는 말이에요.

단어 빅데이터

소고기 부위

サーロイン	ミスジ	カルビ
채끝살	부채살	갈빗살
牛タン	リブロース	ロース
우설, 소혀	꽃등심	등심
ヒレ	ランプ	ハラミ
안심	우둔살	안창살, 갈매기살
サガリ	シンタマ	牛バラ
토시살	치마살	우삼겹
ソトバラ	カタバラ	ザブトン
양지살	차돌박이	어깨등심 위쪽살

돼지고기 부위

豚バラ肉	肩ロース	豚トロ
삼겹살	목살	항정살
*サムギョプサル라고도 함.		
ハラミ	皮	豚足
안창살, 갈매기살	껍데기	족발

내장류

ホルモン	ギアラ	ミノ
곱창, 대창	막창	양(소의 첫번째 위)
センマイ	ハツ	レバー
천엽	심장	간

야키니쿠집에서
불판 바꿔 달라고 하기

이 문장, 무슨 뜻일까요? ✨

ガスが切れてしまったようなので
こちらも新しいのに交換いたします。

이런 말을 할 수 있어요. ✨

불판 바꿔 주실 수 있나요?

책을 학습한 뒤,
동영상 강의를 보며
마무리합니다.

 × × 　　

책 학습하기　　　mp3 파일 듣기　　동영상 강의 보기

문장

1

가스가 다 떨어진 것 같으니 이것도 새것으로 교환해 드릴게요.

ガスが切れてしまったようなので
こちらも新しいのに交換いたします。

▶ 切れる는 '잘리다'는 뜻도 있지만, '(다 써서) 없어진다'는 뜻도 있습니다.

　예　**時間が切れる** (시간이 (다 써서) 없어지다/ 끝나다)
　　　食材切れる (식재료가 (다 써서) 없다)

2

불판 바꿔 주실 수 있나요?

網替えてもらってもいいですか。

▶ 替える와 換える는 읽는 법이 같고 의미가 비슷해서 헷갈리기 쉽습니다. 替える의 경우, 어떤 물건을 쓰고 있는데 새것으로 교환할 때 사용하며, 換える는 100엔을 1,000원으로 바꾸는 것처럼 동등한 가치가 있는 것을 교환하는 상황에서 씁니다.

단어

❶

あみ
網

망

❷

うえ
上

위

❸

と　　か
取り替え

교환

❹

ひ
火がつく

불이 붙다

❺

なんか

뭔가, 왠지

❻

ガス

가스

❼

き
切れる

끊어지다, 떨어지다

❽

あたら
新しい

새롭다

🎧 13-1.mp3

#13. 야키니쿠집에서 불판 바꿔 달라고 하기

나 　すみません。網替えてもらってもいいですか。

점원 　はい。網の❶上のお肉を取っていただいてもよろしい

　　　ですか。

　　　(替えの網を持ってくる。)

점원 　網、お取り替えいたしますね。失礼します。

나 　はい。ありがとうございます。

점원 　❷失礼します。

　　　(❸今度は火がつかない。)

나 　すみません。

점원 　はい。お伺いします。

나 　なんか、火がつかないみたいで…。

점원 　確認いたしますね。ガスが切れてしまったようなので
　　　こちらも新しいものに交換いたします。

Plus 　한국에서는 "(불)판 바꿔 주세요!"가 일반적이지만, 일본에서는 철사로 된 망을 주로 사용하기 때문에
"망(網) 바꿔 주세요"라고 한답니다.

나	저기요. 불판 바꿔 주실 수 있나요?
점원	네. 불판 위의 고기를 집어 주시겠어요?
	(바꿀 불판을 가져온다.)
점원	불판 바꿔 드릴게요. 실례하겠습니다.
나	네. 감사합니다.
점원	그럼 가 보겠습니다.
	(이번에는 불이 붙지 않는다.)
나	저기요.
점원	네. 주문 도와 드리겠습니다.
나	왠지 불이 붙지 않는 것 같아서요.
점원	확인해 볼게요. 가스가 다 떨어진 것 같으니 이것도 새것으로 교환해 드릴게요.

❶ 上うえ 위

'위'는 上라고 해요. '아래' 下した, '앞' 前まえ, '뒤' 後うしろ, '왼쪽' 左ひだり, '오른쪽' 右みぎ도 함께 알아 두세요.

❷ 失礼します 실례합니다.(그럼 가 보겠습니다)

이 말은 이렇게 어떤 장소에서 물러날 때도 쓸 수 있어요. 예를 들어 회식이 끝나고 인사할 때 "お先さきに 失礼しつれいします (먼저 실례하겠습니다, 들어가겠습니다)"처럼 쓰입니다.

❸ 今度こんど 이번에, 다음에

'지금'이라는 뜻의 今가 들어 있어서 '이번에'라고만 해석하기 쉬운 단어입니다. 하지만 今度 뒤에 미래에 있을 일을 말하면 '다음에'라고 해석하니 주의하세요.

93

기본 세팅

こざら **小皿** 작은 접시	とざら **取り皿** 앞접시	ざら **タレ皿** 양념이나 소스 등을 담는 접시
てっぱん **鉄板** 철판	**トング** 집게	**ハサミ** 가위

사이드 메뉴

じゃがバター 감자 버터	せんよう　　はん **カルビ専用ご飯** 갈비 전용 밥(카레, 참기름, 김 등을 얹은 밥으로 '갈비'라는 이름이 붙은 메뉴의 고기들과 잘 어울리는 밥)	**わかめスープ** 미역국

조리 용어

なま や **生焼き** 설익도록 구운 것	こ **焦げる** 타다	や **焼きすぎる** 너무 굽다
ひ　つよ **火が強すぎる** 불이 너무 세다	ひ　よわ **火が弱い** 불이 약하다	ひ **火がつかない** 불이 안 켜지다, 불이 안 붙다
や　いろ　つ **焼き色が付くまで** 구워서 노르스름해질 때까지	あぶら　は **油が跳ねる** 기름이 튀다	ひ　き **火が消える** 불이 꺼지다

크기

しょう **小** 소	ちゅう **中** 중	だい **大** 대

레스토랑에서 식사 후
생일 케이크 가져다 달라고 하기

이 문장, 무슨 뜻일까요? ✦

<ruby>何<rt>なん</rt></ruby>とお<ruby>書<rt>か</rt></ruby>きしましょうか。

이런 말을 할 수 있어요. ✦

식후 음료와 함께 가져다 주실 수 있을까요?

워밍업 문장·단어 먼저 익히기

1

뭐라고 적어 드릴까요?

何とお書きしましょうか。
なん　　か

▶ '(제가) ~하겠다'라는 뜻의 「お + 동사 ます형 + する」를 활용한 문장입니다. 스스로를 겸손하게 낮춰 말할 때 사용하는 표현이에요.

2

식후 음료와 함께 가져다 주실 수 있을까요?

食後のドリンクと一緒に持って
しょく ご　　　　　　　　　いっしょ　　も

きていただくことは可能ですか。
か　のう

▶ 여기서 ~ていただく는 '~해 주시다'란 뜻입니다. ~てもらう 문형에서 もらう의 존경 표현인 いただく가 쓰였습니다. 해당 문형은 내가 어떠한 상황 등을 만들어서, 누군가가 내게 어떠한 행동을 해 줄 때 쓰는 표현입니다.

96

단어

①

バースデーケーキ

생일 케이크

②

いっしょ
一緒に

함께, 같이

③

タイミング

타이밍

④

しょく ご
食後

식후

⑤

メッセージ

메시지

⑥

なん
何と

뭐라고

⑦

か
書く

쓰다

⑧

たんじょう び
誕生日

생일

🎧 14-1.mp3

#14. 레스토랑에서 식사 후 생일 케이크 가져다 달라고 하기

나 あの、すみません。今日こちらを予約した時に
❶ バースデーケーキも一緒に注文したのですが…。

점원 あ！はい。伺っております。❷ どうされましたか。

나 ケーキを出してもらいたいタイミングなんですけど、食後の
ドリンクと一緒に持ってきていただくことは可能ですか。

점원 はい。承知いたしました。食後のドリンクと一緒にで
すね。

나 よろしくお願いします。あと、ケーキにメッセージも
書いてもらいたいのですが。

점원 かしこまりました。何とお書きしましょうか。

나 「❸ あゆみちゃん誕生日おめでとう!」でお願いします。

점원 はい。かしこまりました。

나 ありがとうございます。お願いします。

Plus 일본에서는 생일이나 결혼기념일 등 축하할 일이 있을 때 가게에 デザートプレート(디저트 플레이트)
서비스를 부탁하는데요. 이 서비스는 넓은 접시에 과일 혹은 빵, 아이스크림, 미니 케이크와 같은 디저트를
아기자기하게 담아 초콜릿 소스로 축하 메시지를 적어 주는 것입니다. 금액은 가게에 따라 다르지만 1,500
엔 정도 하는 곳이 많으며, 무료로 제공해 주는 곳도 많아요. 단 사전 예약이 필수입니다.

나 　저, 실례해요. 오늘 이곳을 예약했을 때 생일 케이크도 같이 주문했는
　　　데요.

점원 　아! 네. 들어서 이미 알고 있습니다. 무슨 일 있으신가요?

나 　케이크를 내주셨으면 하는 타이밍 말인데요, 식후 음료와 함께 가져다
　　　주실 수 있을까요?

점원 　네. 알겠습니다. 식후 음료와 함께 말이죠.

나 　잘 부탁드려요. 그리고 케이크에 메시지도 써 주셨으면 하는데요.

점원 　알겠습니다. 뭐라고 적어 드릴까요?

나 　'아유미 생일 축하해!'로 부탁드려요.

점원 　네. 알겠습니다.

나 　감사합니다. 부탁드려요.

표현

❶ **バースデーケーキ 생일 케이크**

　기본적으로 어느 가게든 외부에서 사 온 케이크를 보관해 주지 않습니다. 가게에 미리 케이크 메뉴가 있
　는지 혹은 디저트 플레이트 서비스를 이용할 수 있는지 문의해 보세요.

❷ **どうされましたか 무슨 일 있으신가요?**

　더 캐주얼하게 표현하고자 한다면 "どうしましたか(무슨 일이세요?)"라고 바꿔 말할 수 있어요.

❸ **あゆみちゃん 아유미**

　여자아이 혹은 젊은 여성에게는 이름 뒤에 ちゃん을 붙여서 나타내곤 합니다. 반면 남자아이 혹은 젊은
　남성, 혹은 상사가 부하를 부를 때에는 남녀 상관없이 이름에 くん을 붙입니다.
　만일 江本(성)沙也(이름)라는 여성이 있다면 江本さん ＞ 沙也さん ＞ 江本 ＞ 沙也ちゃん ＞ さや
　순서로 뒤쪽으로 갈수록 친근한 사이에서 쓰는 호칭이에요.

99

🎧 14-2.mp3

기념일 / 선물 표현

お祝い 축하	**プレゼント** 선물	**誕生日プレゼント** 생일 선물 *줄여서 誕プレ라고 함.
ドッキリ 몰래카메라 *다른 사람을 놀라게 하는 일 또는 계획	**お願い** 부탁	**頼みたいこと** 부탁하고 싶은 것
結婚記念日 결혼 기념일	**記念写真** 기념사진	**ペアリング** 커플링

기타 용품

ラッピング 랩핑, 포장	**ろうそく** 초	**ケーキナイフ** 케이크 칼

축하 메시지

お誕生日おめでとう。 생일 축하해.	**ハッピーバースデー！** Happy birthday!
ハッピーな一年になりますように！ 행복한 한 해가 되기를 (바라요)!	**ご結婚おめでとうございます！** 결혼 축하합니다! *결혼 메시지에는 쉼표나 마침표를 찍으면 안 되니 주의하세요!

식당에서 음식이 안 나올 때 확인하기

이 문장, 무슨 뜻일까요? ✦

> <ruby>少々<rt>しょうしょう</rt></ruby>
> もう少々お<ruby>待<rt>ま</rt></ruby>ちいただけ
> ますでしょうか。

이런 말을 할 수 있어요. ✦

> 아까 야키토리 시켰는데요, 벌써 30분 이상 안 와서요.

워밍업 문장·단어 먼저 익히기

1

조금만 더 기다려 주실 수 있으실까요?

もう少々お待ちいただけ
ますでしょうか。

▶ もう少々는 もうすこ少し라는 세트 단어의 정중체입니다. 따라서 もう와 少々를 따로따로 해석하지 않습니다. 여기서 少々는 대략 5분에서 10분 정도의 짧은 시간을 대기할 때 사용하는 단어입니다. 그 이상을 대기해야 할 때는 しばらく(잠시만, 당분간)라는 단어를 사용합니다.

2

아까 야키토리 시켰는데요, 벌써 30분 이상 안 와서요.

さっき焼き鳥を頼んだんですけど、
もう30分以上来なくて…。

▶ さっき를 先程로 바꿔 쓰면 더 공손한 말씨가 됩니다. 그리고 もう는 과거형으로 말할 땐 '이미, 벌써'라는 뜻으로, 현재형으로 말할 땐 '이제'라는 뜻으로 해석할 수 있어요.

　예 もう終わりました。 <u>이미</u> 끝났어요.
　　 今日はもう帰ります。 오늘은 <u>이제</u> 돌아갈게요.

단어

①

さっき

아까, 조금 전

②

ただいま

(바로) 지금, 현재

③

<ruby>殺到<rt>さっとう</rt></ruby>

쇄도, 주문 폭주

④

どのくらい

어느 정도

⑤

ほど

정도

⑥

<ruby>盛<rt>も</rt></ruby>り<ruby>合<rt>あ</rt></ruby>わせ

모둠

⑦

<ruby>全<rt>すべ</rt></ruby>て

전부, 모두

⑧

<ruby>揃<rt>そろ</rt></ruby>う

갖추어지다, (모두 한곳에) 모이다

🎧 15-1.mp3

#15. 식당에서 음식이 안 나올 때 확인하기

나 あの、すみません。さっき焼き鳥を頼んだんですけど、もう30分以上来なくて…。

점원 お客様、申し訳ございません。ただいま注文が殺到しておりまして、もう少々お待ちいただけますでしょうか。

나 あとどのくらいでできますか。

점원 あと10分ほどでできるかと…。❶大変申し訳ございません。

나 分かりました。

(10分後)

점원 大変お待たせいたしました。こちらが焼き鳥の❷盛り合わせでございます。ご注文は全て❸お揃いでしょうか。

나 はい。大丈夫です。

Plus 야키토리집 테이블에는 보통 대나무로 된 통이 하나 놓여져 있습니다. 이것은 꼬치를 먹고 난 후에 꼬챙이를 넣는 통인데요. 식사하면서 음식을 먹는 테이블이 더러워지지 않도록 대나무 통을 사용합시다!

나   저, 저기요. 아까 야키토리 시켰는데요, 벌써 30분 이상 안 와서요.

점원   고객님 죄송합니다. 지금 주문이 폭주하고 있어서 조금만 더 기다려 주실 수 있으실까요?

나   앞으로 어느 정도면 가능할까요?

점원   앞으로 10분 정도로 될 것 같은데요. 대단히 죄송합니다.

나   알겠어요.

(10분 후)

점원   대단히 오래 기다리셨습니다. 이쪽이 야키토리 모둠입니다. 주문하신 건 다 나왔을까요?

나   네. 괜찮습니다.

❶ 大変 대단히

부사로 쓰일 때 '대단히, 몹시'라는 뜻이지만, 무언가 큰일이 일어났을 때 "大変^{たいへん}!"이라고 하면 "큰일이야!"라는 뜻으로 사용됩니다.

❷ 盛り合わせ 모둠

다양하게 여러 종류를 맛보고 싶을 때에는 盛^もり合^あわせ(모둠)를 주문해 보세요.

❸ お揃い 갖추어짐

揃^{そろ}う는 '갖추어지다'라는 뜻입니다. 그래서 음식점에서 お揃^{そろ}い라고 하면 음식이 다 나왔음을 뜻합니다.

이외에도 커플티나 친구들과 맞춰 입는 옷도 お揃い(커플룩, 맞춤)라고 합니다.

単語 빅데이터

🎧 15-2.mp3

맛 표현

香ばしい 고소하다	**コクがある** 감칠맛이 있다
濃厚だ 농후하다, 맛이 진하다	**歯ごたえがある** 식감이 좋다, 씹는 맛이 있다
甘味がある 단맛이 있다, (적당히) 달다	**苦味がある** 쓴맛이 나다
のどごしがいい 목 넘김이 좋다	**生臭い** 비린내가 나다
辛口 매운맛 *술의 맛을 표현할 때 사용하면, 달지 않은 드라이한 맛을 나타냄.	**甘口** 단맛
くせがない味 무난한 맛	**食材そのものの味** 재료 본연의 맛
上品な味 고급스러운 맛	**後を引く味** 여운이 남는 맛

맛과 관련된 의성어 · 의태어

もぐもぐ 냠냠	**あつあつ** 따끈따끈	**もちもち** 쫄깃쫄깃
カリカリ 바삭바삭	**コリコリ** 오도독오도독	**シャキシャキ** 아삭아삭

테이블을 치워 달라고 하고
후식과 계산서 요청하기

이 문장, 무슨 뜻일까요? ✦

お会計の際は伝票を持って
カウンターまでお越しください。

이런 말을 할 수 있어요. ✦

접시를 치워 주시겠어요?

워밍업 문장·단어 먼저 익히기

1

계산하실 때에는 전표를 가지고 카운터까지 와 주세요.

お会計の際は伝票を持って
カウンターまでお越しください。

▶ お越しください는 직역하면 '오십시오'라는 뜻으로, 来る(오다)의 존경어인 お越しになる
에 ください(주세요)가 합쳐진 표현입니다.

2

접시를 치워 주시겠어요?

お皿を下げてもらってもいいですか。

▶ 이 표현은 お皿を片づけてもらってもいいですか(접시를 정리해 주시겠어요?)로도 대신할
수 있습니다.

108

단어

①

お皿（さら）

접시, 그릇

②

下（さ）げる

내리다

③

伝票（でんぴょう）

전표

④

お会計（かいけい）

계산

⑤

カウンター

카운터

⑥

承（うけたまわ）る

받다, 떠맡다

⑦

~の際（さい）

~할 때

⑧

お越（こ）しになる

오시다, 来（く）る(오다)의 정중한 말씨

109

🎧 16-1.mp3

#16. 테이블을 치워 달라고 하고 후식과 계산서 요청하기

나 　すみませーん！

점원 　はい。お伺いします。

나 　すみません。お皿を下げてもらってもいいですか。

점원 　はい。お下げいたしますね。

나 　あと、注文もお願いしていいですか。

점원 　はい。どうぞ。

나 　バニラアイスクリームを2つお願いします。あと、
　❶伝票ももらえますか。

점원 　かしこまりました。お会計は❷カウンターで❸承って
　おりますので、お会計の際は伝票を持ってカウンター
　までお越しください。

나 　分かりました。ありがとうございます。

Plus 식사를 마치고 나갈 때 건네는 인사말로는 ごちそうさまでした(잘 먹었습니다)가 있습니다. 일본에서는 음식점에서 나갈 때 손님이 먼저 점원에게 인사하며 나가는 모습을 꽤 자주 볼 수 있어요. 여러분도 여행지에서 먼저 인사를 건네 보는 건 어떨까요? 또한 고깃집에서는 口直し(입가심)로 사탕이나 껌을 제공하는 곳이 많습니다.

나　저기요!

점원　네. 주문받겠습니다.

나　죄송해요. 접시를 치워 주시겠어요?

점원　네. 치워 드리겠습니다.

나　그리고 주문도 부탁드려도 될까요?

점원　네. 주문받겠습니다.

나　바닐라 아이스크림 두 개 주세요. 그리고 전표도 주시겠어요?

점원　알겠습니다. 계산은 카운터에서 받고 있으니, 계산하실 때에는 전표를 가지고 카운터까지 와 주세요.

나　알겠습니다. 감사합니다.

❶ 伝票 전표(계산서)

계산 전, 주문한 음식 리스트를 확인할 수 있는 계산서를 말합니다. 전표를 가지고 계산대에 가서 음식값을 치르고 나면 レシート라는 영수증을 받는 게 일반적이에요.

❷ カウンター 카운터

테이블에서 지불하는 것은 テーブル会計, 카운터에 가서 지불하는 것은 レジ会計라고 합니다.

❸ 承っておりますので 받고 있으니

受ける(받다), 引き受ける(떠맡다)를 겸손하게 말할 때 사용하는 표현입니다.

단어 빅데이터

🎧 16-2.mp3

계산 표현

お会計 (かいけい) 계산	お勘定 (かんじょう) 계산 *연배 있는 분들이 사용하는 경향이 있음.	〆 (しめ) '끝냄'의 표현으로 점원에게 계산서를 요청하는 제스처(손가락으로 X 모양)
暗証番号 (あんしょうばんごう) 비밀번호	署名 (しょめい) 서명	タッチ決済 (けっさい) 터치결제
割り勘 (わ かん) 더치페이 *전체 금액을 인원수로 나눠서 계산함.	別会計 (べつかいけい) 각자 계산 *각자 먹은 음식 개별 계산	半々 (はんはん) 반반
おごる 한턱내다, 한턱 쏘다	おごってくれる (밥 등을) 사 주다	おごってもらう 얻어먹다

결제 방법

現金払い (げんきんばらい) 현금 결제	クレカ 신용 카드 *クレジットカード의 줄임말	キャッシュレス 캐시리스, 비현금 결제 *도쿄 올림픽 이후 QR 결제 등 현금 없이 결제할 수 있는 가게가 많아졌음.

입가심

お口直し (くちなお) 입가심	ガム 껌	はっか飴 (あめ) 박하사탕

맥도날드에서 햄버거 주문하기

이 문장, 무슨 뜻일까요? ✦

お<ruby>返<rt>かえ</rt></ruby>しです。

이런 말을 할 수 있어요. ✦

톰과 제리의 볼링으로요.

워밍업 문장·단어 먼저 익히기

1

거스름돈입니다.

<ruby>お返<rt>かえ</rt></ruby>しです。

▶ 잔돈은 おつり라고 하는데요. 더 공손하게 말할 때 お<ruby>返<rt>かえ</rt></ruby>し라고 표현합니다.

2

톰과 제리의 볼링으로요.

トムとジェリーのボウリングのもので。

▶ 그냥 トムとジェリーのボウリングで라고만 짧게 말해도 되지만, 한국어로 "톰과 제리 걸로 주세요"라는 느낌으로 トムとジェリーのボウリングのもので라고도 말할 수 있어요. 여기서 ~のもの는 '~의 것' 혹은 '~한 것'이라는 뜻입니다. 참고로 남자들이 친구들과 편하게 말할 때는 ~のやつ라고 표현하곤 해요. 직역하면 '~의 놈'이라는 뜻이지만 ~のもの와 같은 뜻으로 씁니다.

단어

1

たんぴん
単品

단품

2

ドリンク

음료

3

ポテト

감자튀김

4

コーラゼロ

제로콜라

5

おもちゃ

장난감

6

りょう
利用

이용

7

あず
預かる

맡다, 보관하다

8

かえ
お返し

거스름(돈)

🎧 17-1.mp3

#17. 맥도날드에서 햄버거 주문하기

점원 いらっしゃいませ。こんにちは。

나 チーズバーガーの単品<ruby>単品<rt>たんぴん</rt></ruby>とチーズバーガーの

ハッピーセットをください。

점원 はい。❶サイドとドリンクはどうなさいますか。

나 ❷ポテトとコーラゼロで<ruby>お願<rt>ねが</rt></ruby>いします。

점원 かしこまりました。おもちゃはどちらになさいますか。

나 トムとジェリーのボウリングのもので。

점원 かしこまりました。<ruby>お会計<rt>かいけい</rt></ruby>840<ruby>円<rt>えん</rt></ruby>でございます。
<ruby>店内<rt>てんない</rt></ruby>でご<ruby>利用<rt>りよう</rt></ruby>でしょうか。

나 はい。そうです。(<ruby>お金<rt>かね</rt></ruby>を<ruby>出<rt>だ</rt></ruby>す。)

점원 1,000<ruby>円<rt>えん</rt></ruby>❸<ruby>お預<rt>あず</rt></ruby>かりいたします。160<ruby>円<rt>えん</rt></ruby>の<ruby>お返<rt>かえ</rt></ruby>しです。
<ruby>番号<rt>ばんごう</rt></ruby>で<ruby>お呼<rt>よ</rt></ruby>びしますので<ruby>少々<rt>しょうしょう</rt></ruby><ruby>お待<rt>ま</rt></ruby>ちください。

Plus 맥도날드는 일본어로 マクドナルド라고 하는데요. 일본의 수도인 도쿄가 속한 관동 지방에서는 맥도날드를 マック라고 줄여서 말하고, 오사카가 속한 관서 지방에서는 マクド라고 줄여서 말합니다.

점원　어서 오세요. 안녕하세요.

나　치즈버거 단품이랑 치즈버거 해피 세트 주세요.

점원　네. 사이드 메뉴와 음료는 어떻게 하시겠어요?

나　감자튀김과 제로콜라로 부탁드릴게요.

점원　알겠습니다. 장난감은 어떤 걸로 하시겠어요?

나　톰과 제리의 볼링으로요.

점원　알겠습니다. 다 해서 840엔입니다. 매장 내 이용이실까요?

나　네. 그렇습니다. (돈을 낸다.)

점원　1,000엔 받았습니다. 160엔의 거스름돈입니다. 번호로 불러 드릴 테니 잠시만 기다려 주세요.

❶ **サイド 사이드 메뉴**
회화에서는 サイドメニュー를 줄여서 サイド로 말하곤 합니다.

❷ **ポテト 감자튀김**
우리가 감자튀김을 '감튀'로 줄여서 말하는 것처럼 일본에서는 フライドポテト를 ポテト라고 줄여서 말합니다.

❸ **お預かりいたします 받았습니다**
금액을 정확하게 받았을 경우에는 앞에 ちょうど를 붙여서 "ちょうどお預かりいたします(딱 맞게 받았습니다)"라고 표현합니다.

일본 맥도날드 한정 메뉴

月見バーガー (つきみ) 츠키미버거 *'달구경'을 뜻하는 츠키미를 활용하여 보름달을 연상시키는 노른자를 넣은 버거. 매년 9월에서 10월 중추절 시기에 판매됨.	チキンタツタバーガー 치킨타츠타 버거 *타츠타는 가라아게(닭튀김)의 종류를 뜻하며, 가라아게 버거라고 생각하면 됨.
グラコロ(グラタンコロッケ) 그라코로(그라탕 크로켓버거)	えびフィレオバーガー 새우 필레오버거

사이드 메뉴

ポテト 감자튀김	えだまめコーン 풋콩 콘 *삶은 옥수수와 풋콩을 섞어 놓은 것	ハッシュドポテト 해쉬브라운

디저트 메뉴

シェイク 쉐이크	ワッフル 와플	アップルパイ 애플파이
ソフトクリーム 소프트아이스크림	フロート 위에 아이스크림을 띄운 냉음료	パンケーキ 팬케이크
チュロス 츄러스	マックフルーリー 맥플러리 *소프트아이스크림에 각종 재료를 섞어 만든 것	ヨーグルト 요구르트

소스

ケチャップ 케첩 *일본에서는 감자튀김을 시켜도 케첩을 안 챙겨 주니, 필요하면 달라고 말을 해야 합니다.	マスタードソース 머스타드 소스

편의점에서 오뎅 사 먹기

이 문장, 무슨 뜻일까요? ✦

お<ruby>箸<rt>はし</rt></ruby>は<ruby>付<rt>つ</rt></ruby>けますか。

이런 말을 할 수 있어요. ✦

국물 많이 주세요.

책을 학습한 뒤,
동영상 강의를 보며
마무리합니다.

 × ×

책 학습하기　　mp3 파일 듣기　　동영상 강의 보기

워밍업 문장·단어 먼저 익히기

1

젓가락은 넣어 드릴까요?

お箸は付けますか。
<small>はし　　つ</small>

▶ つける는 '붙이다, 대다'란 뜻인데요. 회화에서 '~도 (붙여) 드릴까요?'라는 의미로도 자주 사용합니다. 대답은 간단히 "はい、お願いします(네, 부탁해요)"라고 하면 됩니다. 만일 여러 개가 필요하다면 "~個お願いします(~개 부탁해요)"라고 하고, 필요 없다면 "いいえ、大丈夫です(아니요, 괜찮아요)"라고 말해 보세요.

<small>참고</small> 1個 1개 / 2個 2개 / 3個 3개

2

국물 많이 주세요.

つゆだくでお願いします。
<small>ねが</small>

▶ 汁だくだく(국물 철철)의 줄임말로, 원래 규동집에서 덮밥에 간을 맞추면서 졸인 국물을 손님이 원하면 철철 흐를 만큼 넣어준 데서 유래했습니다. 국민 음식이라 할 수 있는 규동인 만큼 이때 통용되는 말이 일반적으로 통용되기 시작하여, 다른 국물이 있는 음식에도 '국물 많이' 달라고 할 때 つゆだく(국물 많이)가 쓰이게 되었어요.

단어

❶

<ruby>卵<rt>たまご</rt></ruby>

달걀

❷

<ruby>大根<rt>だい こん</rt></ruby>

무

❸

ちくわ

치쿠와
*가운데 구멍이 뚫려 있는 어묵

❹

がんも

감모
*두부에 당근, 연근 등을 넣고 튀긴 것

❺

つゆだく

국물 많이

❻

<ruby>要<rt>い</rt></ruby>る

필요하다

❼

お<ruby>箸<rt>はし</rt></ruby>

젓가락

❽

つける

붙이다, 묻히다, 대다

🎧 18-1.mp3

#18. 편의점에서 오뎅 사 먹기

점원 いらっしゃいませ。こんにちは。

나 ❶おでんの注文で、卵と大根とちくわとがんもを
お願いします。

점원 はい。以上でよろしいですか。

나 つゆだくでお願いします。

점원 つゆだくですね。❷からしは付けますか。

나 からしは❸要らないです。

점원 527円です。お箸は付けますか。

나 お願いします。

점원 1万円お預かりします。9,473円のお返しです。

ありがとうございました。

Plus 일본에서는 겨울 하면 흰 눈과 더불어 편의점 오뎅을 떠올리곤 하는데요. 편의점 오뎅은 1년 내내 판매하지 않고 대체로 9월부터 4월까지 팝니다. 11월에는 오뎅 세일을 자주 하기 때문에 오뎅 먹기 좋은 시기라고 할 수 있어요.

122

점원   어서 오세요. 안녕하세요.

나   오뎅 주문으로, 달걀이랑 무랑 치쿠와랑 감모를 부탁해요.

점원   네. 이상으로 되셨을까요?

나   국물 많이 주세요.

점원   국물 많이 말이죠. 겨자는 넣어 드릴까요?

나   겨자는 필요 없어요.

점원   527엔입니다. 젓가락은 넣어 드릴까요?

나   부탁드립니다.

점원   만 엔 받았습니다. 9,473엔 거스름돈입니다.
      감사합니다.

❶ **おでん 오뎅**
우리나라에서 '오뎅'은 어묵으로 인식되지만, 일본에서는 김치찌개 같은 냄비 요리의 한 종류입니다.
여러 종류의 어묵뿐만 아니라 계란, 무, 실곤약, 치쿠와, 유부주머니 등이 재료로 들어가요.

❷ **からし 겨자**
일본에서는 오뎅을 먹을 때 간장이 아닌 겨자 소스를 곁들여서 먹습니다.

❸ **要らないです 필요 없어요**
要る는 예외 1그룹 동사로, 2그룹 동사처럼 보여서 많은 일본어 학습자들이 활용할 때 자주 실수하는 동
사입니다. 활용법에 주의하세요.
→ 要る 필요하다, 要らない 필요 없다
  要ります 필요합니다, 要りません 필요 없습니다

123

오뎅에 들어가는 것

たまご 달걀	**大根**(だいこん) 무	**こんにゃく** 곤약
白滝(しらたき) 실곤약, 곤약을 면처럼 뽑아낸 것	**つみれ** 어묵 완자	**焼きちくわ**(や) 구운 치쿠와 *가운데 구멍이 뚫려 있는 어묵을 구운 것
厚揚げ(あつあ) 두부튀김	**さつま揚げ**(あ) 사츠마아게 *어육을 갈아서 잘게 썬 당근, 우엉 등과 섞은 뒤 튀긴 것	**はんぺん** 한펜 *하얗고 부드러운 어묵
ウィンナー巻き(ま) 소시지말이 *어묵 속에 소시지를 넣은 것	**ごぼう巻き**(ま) 우엉말이 *어묵 속에 우엉을 넣은 것	**昆布**(こんぶ) 다시마
牛筋(ぎゅうすじ) 소 힘줄	**ロールキャベツ** 양배추롤 *돼지고기를 양배추에 만 것	**餅巾着**(もちきんちゃく) 떡유부주머니 *떡을 유부에 넣고 주머니처럼 만든 것

기타

容器(ようき) 용기	**お玉**(たま) 국자	**となりの** 옆의 것
大きいの(おお) 큰 것	**小さいの**(ちい) 작은 것	**具**(ぐ) 속재료, 건더기
袋を分ける(ふくろ わ) 봉지를 나누다	**味が染みている**(あじ し) 맛이 배어 있다	

숙박

#숙박

에어비앤비 숙소에 체크인 빨리 할 수 있는지 연락해 보기

이 문장, 무슨 뜻일까요? ✦

> 言葉じゃ説明しにくいので
> 着いてから案内してもいいですか。

이런 말을 할 수 있어요. ✦

> 조금 일찍 도착했는데요, 먼저 체크인할 수 있을까요?

문장

1

말로는 설명하기 어려우니 도착하고 나서 안내해도 되나요?

言葉じゃ説明しにくいので、
着いてから案内してもいいですか。

▶ '말로는 이해하기 힘들다'라고 할 때의 '말'은 言葉를 씁니다. 우리말로 동의어인 話는 대화나 흐름이 있는 말을 뜻하며, 言葉는 어떠한 말, 특정 단어, 언어를 뜻하는 경우에 쓰여요.

2

조금 일찍 도착했는데요, 먼저 체크인할 수 있을까요?

早めに着いたのですが
先にチェックインできますか。

▶ '빨리, 일찍이'라는 뜻을 가진 단어로는 早めに와 早く가 있는데요. 早めに는 '정해진 시간보다 빨리'라는 비교 대상이 있는 반면, 早く는 비교 대상이 없이 단순한 '빨리'를 나타냅니다. '도착하다, 닿다'라는 뜻의 着く는 到着する(도착하다)로 바꿔 쓸 수 있습니다.

단어

①

はや
早めに

─────────────

(정해진 시간보다) 조금 일찍

②

っ
着く

─────────────

도착하다

③

あ
開く

─────────────

열리다

④

つれ

─────────────

동반자(배우자)

⑤

ちゅうしゃじょう
駐車場

─────────────

주차장

⑥

こと ば
言葉

─────────────

말, 언어

⑦

せつめい
説明

─────────────

설명

⑧

ちゅうい が
注意書き

─────────────

주의사항(을 적어 놓은 것)

🎧 19-1.mp3

#19. 에어비앤비 숙소에 체크인 빨리 할 수 있는지 연락해 보기

나 　もしもし。今日２時に予約したキムです。早めに着い
たのですが、先にチェックインできますか。

호스트 　はい、先に入っていてください。私ももうすぐ着きます。
「❶♯0123」を押したらドアが開くと思います。

나 　あ、開きました。あと❷つれが車で来るんですが、
駐車場ってありますか。

호스트 　言葉じゃ説明しにくいので、着いてから案内しても
いいですか。

나 　はい。分かりました。

호스트 　テーブルの上に注意書きがあるので、読んでお待ち
ください。お待たせして申し訳ないです。

나 　いいえ、気を付けて来てください。

Plus　일본은 주차장이 있다는 것을 증명해야만 자동차를 구입할 수 있을 만큼 주차 관리에 꽤나 까다로운데요.
주차 공간이 건물에 없는 경우도 많고, 지정 장소만 이용해야 하는 경우도 있습니다. 차를 이용할 때에는
꼭 주차장 여부를 확인하세요!

나   여보세요. 오늘 2시에 예약한 김입니다. 조금 일찍 도착했는데요,
        먼저 체크인할 수 있을까요?

호스트   네, 먼저 들어가 계세요. 저도 이제 곧 도착해요. '#0123'을 누르면
        문이 열릴 거예요.

나   아, 열렸어요. 그리고 배우자가 차로 오는데요, 주차장은 있나요?

호스트   말로는 설명하기 어려우니 도착하고 나서 안내해도 되나요?

나   네. 알겠습니다.

호스트   테이블 위에 주의사항을 적어 놓은 것이 있으니 읽고 기다려 주세요.
        기다리게 해서 죄송합니다.

나   아니에요, 조심해서 오세요.

❶ # 샵
#마크는 일본어로 シャープ라고 읽습니다.

❷ つれ 동반자(배우자)
표준어로 つれ는 '동반자(배우자)'를 뜻합니다. 따라서 수도인 도쿄를 포함한 관동 지방에서는 '애인, 배
우자'라는 뜻으로 주로 쓰이는데요. 반면, 오사카 등의 관서 지방에서는 '친구'라는 의미로 쓰이며, 기본적
으로 남자들이 쓰는 표현입니다.

감상 말하기

のんびり過ごす	居心地が良い	ゆったりくつろぐ
한가로이 지내다	(있기에) 편하다	느긋하게 쉬다

집 구조

リビング	キッチン	浴室
거실	주방	욕실
洗面所	窓	床
세면실(손 씻는 화장실)	창문	마루

가구

机	椅子	ソファー
책상	의자	소파
テーブル	たんす	ハンガー
테이블	옷장, 장롱	옷걸이
カトラリー	洗濯機	乾燥器
커틀러리(식기용 나이프, 포크 등)	세탁기	건조기

침구

ベッド	ベッドシーツ	枕
침대	침대 시트	베개
枕カバー	布団	マットレス
베개 커버	이불	매트리스

호텔 카운터에 연박 가능한지 묻고 모닝콜 부탁하기

이 문장, 무슨 뜻일까요? ✦

お部屋番号とお名前を
お伺いしてもよろしいですか。

이런 말을 할 수 있어요. ✦

하루 연박하고 싶은데 가능할까요?

문장

1

방 번호와 성함을 여쭤 봐도 될까요?

お部屋番号とお名前を
お伺いしてもよろしいですか。

▶ 이 문장에서 어려운 부분은 "お伺いしてもよろしいですか"일 텐데요. 伺う(묻다, 방문하다)를 활용한 お伺いします(여쭙겠습니다, 찾아뵙겠습니다)라는 표현과 良い(좋다)를 정중히 말할 때 쓰는 宜しい(괜찮으시다, 좋으시다)를 활용한 ~てもよろしいですか(~해도 될까요?)가 합쳐진 문장입니다.

2

하루 연박하고 싶은데 가능할까요?

1日延泊したいのですが、可能ですか。

▶ 1日는 읽는 방법이 두 가지이며, 읽는 법에 따라 뜻도 달라집니다. ついたち로 읽으면 '달력상의 1일'을 뜻하며, いちにち라고 읽으면 '하루'라는 시간을 말합니다.

134

단어

①
いちにち
1日

하루

②
えんぱく
延泊

연박

③
かのう
可能

가능

④
へや
部屋

방

⑤
ばんごう
番号

번호

⑥
ごうしつ
号室

호실

⑦
てつづ
手続き

수속, 절차

⑧
りょうきん
料金

요금

🎧 20-1.mp3

#20. 호텔 카운터에 연박 가능한지 묻고 모닝콜 부탁하기

나 　すみません。１日延泊したいのですが、可能ですか。

직원 　お部屋番号とお名前をお伺いしてもよろしいですか。

나 　❶703号室のキムです。

직원 　703号室、❷キム様ですね。確認したところ可能でござ
　　　いますので、このままお手続きいたします。延泊料金は
　　　8千円でございます。

　　　(支払う)

나 　あと、明日モーニングコールをお願いしたいのですが。

직원 　何時がよろしいですか。

나 　❸朝の７時でお願いします。

Plus　대욕탕이 있는 호텔의 경우, 호텔 내부를 돌아다닐 때 주로 유카타를 입습니다. 유카타는 온천에서 목욕 후 입는 옷을 말하는데요. 호텔에서도 입을 수 있으니 마치 온천에 다녀온 것 같은 기분을 누릴 수 있어요. 유카타 대여 비용도 들지 않으니 호텔 예약 시 대욕탕이 있는지 함께 체크해 보세요!

나　실례해요. 하루 연박하고 싶은데 가능할까요?

직원　방 번호와 성함을 여쭤 봐도 될까요?

나　703호실의 김입니다.

직원　703호실, 김 님이시군요. 확인해 보니 가능하셔서 이대로 진행해
　　　드리겠습니다. 연박 요금은 8천 엔입니다.

　　　(지불한다.)

나　그리고 내일 모닝콜을 부탁하고 싶은데요.

직원　몇 시가 좋으실까요?

나　아침 7시로 부탁드려요.

❶ **703号室 703호실**

일본어로 숫자 0을 읽는 방법은 여러 가지인데요, 방 번호에 들어가는 0은 동그라미를 뜻하는 まる로 읽습니다. 따라서 703호실의 숫자는 칠백삼(なな・ひゃく・さん)이 아닌 칠, 동그라미, 삼(なな・まる・さん)으로 읽어야 해요.

❷ **キム様 김 님**

우리나라는 이름 뒤에 님을 붙이지만, 일본의 경우 이름이 아닌 성에 様(さま)를 붙여서 말합니다.

❸ **朝 아침**

시간대를 말하는 표현은 다음과 같아요.

明(あ)け方(がた) 새벽녘 〉朝(あさ) 아침 〉午前(ごぜん) 오전 〉昼(ひる) 낮 〉午後(ごご) 오후 〉夕方(ゆうがた) 해질녘 〉
夜(よる) 저녁 〉晩(ばん) 밤 〉深夜(しんや) 심야 〉夜中(よなか) (한)밤중

137

숙소 종류

宿 やど 묵을 곳, 숙소	**ホテル** 호텔	**ビジネスホテル** 비즈니스호텔
旅館 りょかん 료칸	**民宿** みんしゅく 민박	**ゲストハウス** 게스트 하우스

시설

エアコン 에어컨	**暖房** だんぼう 난방	**電気ストーブ** でんき 전기 난로
金庫 きんこ 금고	**バスタブ** 욕조 *湯舟라고도 함. ゆぶね	**冷蔵庫** れいぞうこ 냉장고
事務机 じむづくえ 사무 책상 *ワークデスク라고도 함.	**コーヒーメーカー** 커피 메이커	**ヘアドライヤー** 헤어드라이어
電気ケトル でんき 전기 포트	**遮光カーテン** しゃこう 암막 커튼	**スリッパ** 슬리퍼

불편 사항

お湯が出ない ゆ で 뜨거운 물이 안 나오다	**トイレが詰まっている** つ 화장실이 막히다	**リモコンが使えない** つか 리모콘이 안 되다

Scene #21

호텔 카운터에
현지인 맛집 물어보기

이 문장, 무슨 뜻일까요? ✦

> 安^{やす}くておいしいと
> 有名^{ゆう めい}でございます。

이런 말을 할 수 있어요. ✦

> 이 근처에 맛있는 밥집이 있나요?

책을 학습한 뒤,
동영상 강의를 보며
마무리합니다.

 책 학습하기 × mp3 파일 듣기 × 동영상 강의 보기

문장

1

싸고 맛있기로 유명합니다.

安くておいしいと有名でございます。
やす　　　　　　　　　　ゆう めい

▶ 여기서 문장을 전달하는 의미로 쓰인 と는 처음 보거나 존댓말을 할 때 다소 딱딱하게 표현하는
방식입니다. 편하고 캐주얼하게 얘기할 때에는 って로 바꿔 써 보세요.

2

이 근처에 맛있는 밥집이 있나요?

この辺でおいしい
へん

ご飯屋さんはありますか。
はん　や

▶ 辺은 '근처, ~쯤'이라는 뜻입니다.
へん

　예　今どの辺にいる? 지금 어디쯤에 있어?
　　　いま　へん

　　　この辺で帰ろう。 이쯤에서 돌아가자.
　　　へん　かえ

단어

❶
げん ち ひと
現地の人

현지인

❷
ちか
近く

가까이, 근처

❸
ほう めん
方面

방면

❹
やす
安い

싸다, 쉽다

❺
しん ごう
信号

신호

❻
ま
曲がる

굽다, 돌다

❼
すす
進む

나아가다

❽
かん ばん
看板

간판

141

🎧 21-1.mp3

#21. 호텔 카운터에 현지인 맛집 물어보기

나 　すみません。この辺でおいしい ❶ご飯屋さんはありま
　　すか。❷現地の人が行くようなところがいいです。

직원　そうしますと、うどん屋さんはいかがですか。

나 　いいですね。この近くですか。

직원　はい。駅の方面にございまして、安くておいしいと
　　有名でございます。

나 　そこってどう行けばいいですか。

직원　はい。ホテルを出まして、最初の信号を右に曲がって、
　　まっすぐ進むと「沖縄うどん」という看板が見えます。

나 　ありがとうございます。行ってみます。

Plus　맛집을 검색할 때는 지역명칭에 グルメ(미식가라는 뜻)를 붙여서 검색해 보세요. 예를 들면 후쿠오카 맛집을 찾는다면 福岡グルメ라고 검색하면 됩니다. 또는 현지인에게 맛집을 직접 물어 보세요. 현지인 맛집도 여행의 묘미 중 하나니까요.

니　실례합니다. 이 근처에 맛있는 밥집은 있나요?

　　현지인이 갈 것 같은 곳이 좋아요.

직원　그러시다면 우동집은 어떠세요?

나　좋네요. 이 근처인가요?

직원　네. 역 방면에 있는데요, 싸고 맛있기로 유명합니다.

나　거기는 어떻게 가면 되나요?

직원　네. 호텔을 나가셔서 맨 처음 신호를 오른쪽으로 돌아서 쭉 가시면
　　'오키나와 우동'이라는 간판이 보입니다.

나　감사합니다. 가 볼게요.

❶ **ご飯屋さん 밥집**
~屋는 '~가게, ~가게의 사람'을 뜻합니다. 여기에 さん을 붙여서 존중하는 의미로 쓰입니다.

❷ **現地の人 현지인**
그 지역 혹은 그 지역 출신인 사람들을 강조해서 얘기하고 싶다면 地元(じもと)를 쓰는 것도 좋아요. 現地(げんち)の人(ひと)
라고 하면 그곳에 있는 '현지 사람'을 얘기하지만, 地元(じもと)の人(ひと)라고 하면 '그 동네 사람'이라는 뉘앙스가 더
강해집니다.

143

단어 빅데이터

🎧 21-2.mp3

어메니티

アメニティー	歯ブラシ	歯磨き粉
어메니티	칫솔	치약
くし	シャンプー	ボディソープ
빗	샴푸	바디워시
入浴剤	洗顔フォーム	室内着
입욕제	폼클렌징	실내복
バスタオル	フェイスタオル	綿棒
배스 타월, 전신 타월	페이스 타월, 세면 타월	면봉

주차

マイカー	レンタカー	セルフパーキング
자차	렌터카	셀프 파킹, 셀프 주차
バレーパーキング	駐車料金	精算機
발레파킹	주차 요금	정산기

맞장구 표현

そうですよね。	かもしれませんね。	そうだと思いましたよ。
그렇네요.	그럴지도 모르겠네요.	그럴 줄 알았어요.
うそでしょ。	マジですか。	やばい!
거짓말이죠?	정말요?	대박!

Scene #22

호텔 카운터에 멀티탭
대여 가능한지 물어보기

이 문장, 무슨 뜻일까요? ✨

<ruby>返却<rt>へん きゃく</rt></ruby>がございましたら
ご<ruby>連絡差<rt>れん らく さ</rt></ruby>し<ruby>上<rt>あ</rt></ruby>げます。

이런 말을 할 수 있어요. ✨

고데기는 빌려주실 수 있나요?

책을 학습한 뒤,
동영상 강의를 보며
마무리합니다.

 책 학습하기 × mp3 파일 듣기 × 동영상 강의 보기

문장

1

반납이 있으면 연락드리겠습니다.

返却がございましたら
ご連絡差し上げます。

▶ 差し上げる는 あげる(주다)의 공손한 말씨로 '드리다'는 뜻을 가지고 있어요. 점원이 손님에게 잘 쓰는 표현이니 알아 두세요.

2

고데기는 빌려주실 수 있나요?

アイロンって貸してもらえますか。

▶ 貸してもらえますか는 「貸す(빌려주다) + てもらえますか(~해 받을 수 있을까요?)」를 연결한 문장입니다. 이때 기본형인 てもらう는 내가 상대방에게 부탁하여 상대방이 해 준 경우에 쓰는 표현인데요. '해 받다'로 직역하면 어색하므로 '해 주다'로 해석해야 합니다. 다만, 이때 우리말 '해 주다'에 해당하는 てくれる(~해 주다)의 경우 상대방이 자발적으로 어떠한 행동을 해 준 경우에만 사용하므로 대체 불가라는 점만큼은 주의 해 주세요.

146

단어

①

えんちょう
延長コード

멀티탭, 연장 코드

②

か
借りる

빌리다

③

か だ
貸し出し

대여

④

へんきゃく
返却

반납

⑤

う
売る

팔다

⑥

ところ

곳

⑦

ばいてん
売店

매점

⑧

こうにゅう
購入

구입

🎧 22-1.mp3

#22. 호텔 카운터에 멀티탭 대여 가능한지 물어보기

나 　すみません。❶延長コードって❷借りれますか。

직원 　申し訳ございません。延長コードは全て貸し出しして

　　　おりまして、返却がございましたらご連絡差し上げます。

나 　延長コードを売っているところってないですか。

직원 　あちらの売店でご購入いただけます。

나 　あと❸アイロンって貸してもらえますか。

직원 　はい、こちらでお貸しいたします。お帰りになる際に

　　　フロントにご返却ください。

나 　分かりました。ありがとうございます。

Plus 호텔에서 빌릴 수 있는 것은 의외로 다양합니다. 회화 예문에서 언급한 고데기나 멀티탭뿐만 아니라 여러 가지 물건들을 대여할 수 있습니다. 예를 들어, 침구류가 자신에게 맞지 않는다면 바꿀 수도 있고, 핸드폰 충전기, 다리미, 손톱깎이, 가습기, 휠체어, 체온계, 우산, 와인 오프너 등 호텔마다 빌릴 수 있는 물품들이 다르니, 혹시 깜박한 물건이 있으면 호텔에 확인해 보세요!

나　실례합니다. 멀티탭은 빌릴 수 있나요?

직원　죄송합니다. 멀티탭은 전부 대여 중이라서 반납이 있으면 연락드리겠습니다.

나　멀티탭을 파는 곳은 없나요?

직원　저쪽 매점에서 구입하실 수 있습니다.

나　그리고 고데기는 빌려주실 수 있나요?

직원　네, 저희 쪽에서 빌려 드리겠습니다. 돌아가실 때 프런트로 반납해 주세요.

나　알겠습니다. 감사해요.

❶ **延長コード 멀티탭**
멀티탭은 일본어로 延長コード(연장 코드)라고 합니다. 그리고 여러 전선이 꽂혀 있는 모습이 문어발을 닮았다고 해서 たこ足配線, 직역하면 '문어발 배선'이라고도 해요. 우리가 변환 플러그를 '돼지코'라고 부르는 것과 비슷하죠?

❷ **借りれますか 빌릴 수 있나요?**
회화에서는 借りられる(빌릴 수 있다)에서 ら를 생략하고 借りれる로 곧잘 줄여 말하곤 해요.

❸ **アイロン 고데기**
원래 アイロン은 다리미란 뜻이에요. 그런데 머리를 펴는 용도의 납작한 고데기인 ヘアアイロン도 줄여서 보통 アイロン이라고 합니다. 참고로 머리를 마는 봉고데기는 コテ라고 해요.

단어 빅데이터

🎧 22-2.mp3

호텔 대여 용품

爪切り	ソーイングセット	空気清浄機
つめ き		くう き せいじょう き
손톱깎이	바느질 세트	공기 청정기
携帯充電器	延長コード(タコ足配線)	扇風機
けいたいじゅうでん き	えんちょう あしはいせん	せんぷう き
핸드폰 충전기	연장 코드, 멀티탭	선풍기
アイロン	(ヘア)アイロン	コテ
다리미	판고데기	봉고데기
体重計	体温計	毛布
たいじゅうけい	たいおんけい	もう ふ
체중계	체온계	모포, 담요

기타 호텔 서비스

荷物預かりサービス	配送	クリーニング
に もつあず	はいそう	
짐 보관 서비스	배송	클리닝, 세탁
送迎サービス	プリント	ガイド
そうげい		
픽업 서비스, 송영 서비스	프린트	가이드

소독·살균 등 위생

除菌	換気	シーツ交換
じょきん	かん き	こうかん
살균, 제균	환기	시트 교환
ウェットティッシュ	アルコール	消毒
		しょうどく
물티슈	알코올	소독

료칸에서 가이세키요리 디너 타임 확인하기

이 문장, 무슨 뜻일까요? ✦

へい てん　　　じ
閉店は21時となっております。

이런 말을 할 수 있어요. ✦

내일 조식은 몇 시부터예요?

문장

1

폐점은 저녁 9시예요.

閉店(へいてん)は21時(じ)となっております。

▶ 閉店(へいてん)에는 두 가지 뜻이 있습니다. '당일 영업을 종료한다'는 의미와 '장사를 그만두다'는 뜻이 있는데요. 일상에서는 "今日(きょう)はもう閉店(へいてん)します(오늘은 이제 영업 종료할게요)"처럼 영업을 종료하는 의미로 쓰입니다.

2

내일 조식은 몇 시부터예요?

明日(あした)の朝食(ちょうしょく)は何時(なんじ)からですか。

▶ '조식, 아침 식사'는 朝食(ちょうしょく), '점심 식사'는 昼食(ちゅうしょく), '저녁 식사'는 夕食(ゆうしょく)라고 합니다.

단어

❶

しょく どう
食堂

식당

❷

いっかい
1階

1층

❸

なん じ
何時

몇 시

❹

~となる

~이/가 되다

❺

た
食べる

먹다

❻

~ば

~면

❼

も
持つ

들다, 가지다

❽

ちょうしょく
朝食

조식

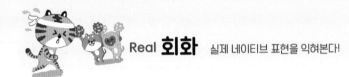

🎧 23-1.mp3

#23. 료칸에서 가이세키 요리 디너 타임 확인하기

나 　すみません、❶食堂<ruby>食堂<rt>しょくどう</rt></ruby>はどこですか。

직원 　<ruby>食堂<rt>しょくどう</rt></ruby>は1<ruby>階<rt>かい</rt></ruby>にございます。

나 　<ruby>何時<rt>なんじ</rt></ruby>までですか。

직원 　<ruby>食堂<rt>しょくどう</rt></ruby>の❷ラストオーダーは20<ruby>時<rt>じ</rt></ruby>までで、<ruby>閉店<rt>へいてん</rt></ruby>は21<ruby>時<rt>じ</rt></ruby>と

　　なっております。

나 　❸<ruby>懐石料理<rt>かいせきりょうり</rt></ruby>を<ruby>予約<rt>よやく</rt></ruby>したのですが、<ruby>食堂<rt>しょくどう</rt></ruby>で<ruby>食<rt>た</rt></ruby>べればいい

　　ですか。

직원 　<ruby>懐石料理<rt>かいせきりょうり</rt></ruby>は、お<ruby>部屋<rt>へや</rt></ruby>でのお<ruby>食事<rt>しょくじ</rt></ruby>となっておりますので、

　　<ruby>午後<rt>ごご</rt></ruby>7<ruby>時<rt>じ</rt></ruby>にお<ruby>持<rt>も</rt></ruby>ちいたします。

나 　そうなんですね。あと、<ruby>明日<rt>あした</rt></ruby>の<ruby>朝食<rt>ちょうしょく</rt></ruby>は<ruby>何時<rt>なんじ</rt></ruby>からですか。

직원 　ご<ruby>朝食<rt>ちょうしょく</rt></ruby>は<ruby>朝<rt>あさ</rt></ruby>7<ruby>時<rt>じ</rt></ruby>からでございます。

Plus 료칸에는 접객의 최고 책임자이자 그 료칸의 서비스를 책임지는 <ruby>女将<rt>おかみ</rt></ruby>さん이 있는데요. 료칸의 여성 관리자를 말합니다. 또한 각 객실을 담당하면서 손님을 모시는 사람은 <ruby>仲居<rt>なかい</rt></ruby>さん이라고 하는데요. 료칸 소개 및 시설 안내, 식사 등을 준비하는 사람을 말해요.

154

나   저기요, 식당은 어디예요?

직원   식당은 1층에 있습니다.

나   몇 시까지인가요?

직원   식당의 라스트 오더는 저녁 8시까지이고, 폐점은 저녁 9시예요.

나   가이세키요리를 예약했는데요, 식당에서 먹으면 되나요?

직원   가이세키요리는 방에서 하는 식사니 저녁 7시에 가져다 드릴게요.

나   그렇군요. 그리고 내일 조식은 몇 시부터예요?

직원   조식은 아침 7시부터예요.

❶ 食堂 식당

료칸과 같은 곳에서는 食堂를 더 일반적으로 쓰고, 호텔과 같은 곳에서는 レストラン을 더 많이 씁니다.

❷ ラストオーダー 라스트 오더

가게에서 주방을 마감하기 전에 마지막으로 받는 주문을 말해요. 보통 가게를 닫기 30분 전이 일반적입니다. 이때 식당에 들어간다면 간단히 먹고 나올 수 있을 만한 것을 주문하고, 늦어도 문 닫기 10분 전에는 식당을 나오는 것이 좋습니다.

❸ 懐石料理 가이세키요리

호텔이나 료칸 등 고급 음식점에서 먹을 수 있는 코스 요리를 뜻합니다. 주로 온천 여행을 갔을 때 즐기는 음식이에요.

단어 빅데이터

🎧 23-2.mp3

가이세키요리

お吸い物	煮物	揚げ物
생선, 고기, 야채 등이 들어간 국	조림 요리	튀김 요리
酢の物	八寸	香の物
제철 채소, 생선, 해산물 등에 식초를 뿌려 나오는 요리	한 변의 길이가 팔촌(약 24cm)인 정사각형 나무그릇이나 쟁반에 이것저것 담긴 요리 세트	단무지 등의 절임 요리

건물 및 방 타입

空室	満室	客室
공실, 빈방	만실, 방이 꽉 참	객실
洋室	禁煙室	喫煙室
서양식 방	금연실	흡연실

열쇠

鍵	カードキー	マスターキー
열쇠	카드 키	마스터키
		*객실에 카드 키를 깜박하고 나왔을 경우, 카운터에 여분의 카드를 요청할 때 사용함.

학습일 : 　월　　일

게스트 하우스에서 만난
외국인과 일본어로 인사하기

이 문장, 무슨 뜻일까요? ✦

> しゅっしん
> 出身はアメリカなんですけど、
> じ もと　　おお さか
> 地元は大阪です。

이런 말을 할 수 있어요. ✦

> 출신은 어디세요?

**책을 학습한 뒤,
동영상 강의를 보며
마무리합니다.**

 × ×

책 학습하기　　　mp3 파일 듣기　　　동영상 강의 보기

1

출신은 미국인데 사는 곳은 오사카예요.

出身はアメリカなんですけど、
地元は大阪です。

▶ 出身과 地元는 모두 '출신'이라는 뜻이지만 뉘앙스가 다릅니다. 出身은 자신이 태어나서 자란 곳을 뜻하지만, 地元는 보통 자신이 현재 살고 있는 곳을 말하며, 자신이 태어나서 자란 곳을 포함해서 자신에게 익숙하고 오래 있었던 곳이라는 뉘앙스도 가지고 있어요.

2

출신은 어디세요?

ご出身はどちらですか。

▶ 처음 만난 사람에게 하기 좋은 질문입니다. 비슷한 표현인 "どちらの方ですか(어디 분이세요?)"로 바꿔 말할 수도 있습니다.

단어

❶

りょこう
旅行

여행

❷

しゅうかつ
就活

취준
*우리가 '취업 준비'를 '취준'으로 줄여 말하듯이
'취업 활동'을 '취활'로 줄여서 말함.

❸

す ど
素泊まり

식사는 하지 않고 숙박만 하는 것

❹

しゅっしん
出身

출신

❺

じ もと
地元

살고 있는 곳, 가장 오래 살고
애착이 있는 곳

❻

さい きん
最近

최근(에)

❼

あっち

저쪽
*あちら의 회화체 표현

❽

なが
流す

(음악을) 틀다

🎧 24-1.mp3

#24. 게스트 하우스에서 만난 외국인과 일본어로 인사하기

나　こんにちは。旅行で来られたんですか。

외국인　いいえ、ちょっと❶就活で素泊まりで来ています。

나　大変ですね。ご出身はどちらですか。

외국인　出身はアメリカなんですけど、地元は大阪です。

　　　あなたはどちらからですか。

나　韓国からです。お名前聞いてなかったですね。

　　　❷私はパクって言います。

외국인　ノアです。最近K-POPよく聞いてます。

나　あ、あっちで友達とK-POP❸流しながら飲んでるんで、

　　　よかったら来てください。

외국인　いいんですか。ありがとうございます。

Plus　한국처럼 일본도 飲む(마시다)라고 하면 기본적으로 술을 얘기한다는 공통점이 있습니다. 성인이 되고 친구들이랑 "飲みに行こう！(마시러 가자!)"라고 하는 건 어느 나라나 비슷해요.

나　　안녕하세요. 여행으로 오셨나요?

외국인　아니요, 취준 때문에 숙박으로만 왔어요.

나　　힘들겠네요. 출신은 어디세요?

외국인　출신은 미국인데 사는 곳은 오사카예요.

　　　당신은 어디서 오셨어요?

나　　한국에서요. 성함 안 물어봤네요. 저는 박이라고 해요.

외국인　노아예요. 최근에 K-POP 자주 듣고 있어요.

나　　아, 저쪽에서 친구들이랑 K-POP 틀어 놓고 마시고 있는데, 괜찮으면 오세요.

외국인　괜찮나요? 감사합니다.

❶ 就活 취준(취업 준비)

취업 준비를 일본어로는 就職活動(취업 활동), 줄여서 就活(취활)라고 해요. 보통 3월부터 자기소개서에 해당하는 엔트리시트를 제출하여, 6월에 면접을 보기 시작하고, 합격하면 내정(内定) 즉 노동 계약이 성립하는데, 이 내정을 받기까지의 과정을 말합니다.

❷ 私はパクって言います 저는 박이라고 합니다

일본에는 성이 매우 많습니다. 그래서 성이 겹치는 일이 많지 않기에 주로 이름이 아닌 성씨를 부르는데요. 이러한 문화적 습관에 따라 김씨는 キムさん, 박씨는 パクさん, 이씨는 イさん, 윤씨는 ユンさん, 최씨는 チェさん으로 불러요.

❸ 流しながら 틀면서

'(음악을) 틀다'라는 뜻의 일본어는 두 가지가 있습니다. かける와 流す인데요, 뉘앙스가 조금 다릅니다. 먼저 かける는 집중해서 듣기 위해 음악을 트는 느낌입니다. 한편 流す는 직역하면 '흘려보내다'라는 뜻인데요, 한 공간에서 다른 사람도 들을 수 있게 음악을 틀어 놓는 것을 의미합니다.

161

単語 빅데이터

취미

グルメ巡り (めぐ) 맛집 탐방	**カフェ巡り** (めぐ) 카페 탐방	**散歩** (さん ぽ) 산책
読書 (どくしょ) 독서	**瞑想** (めいそう) 명상	**映画鑑賞** (えい が かんしょう) 영화 감상
アニソン 애니송(애니메이션송) *アニメーションソング의 줄임말	**邦楽** (ほうがく) 일본 음악	**洋楽** (ようがく) 서양 음악
旅行 (りょこう) 여행	**語学勉強** (ご がくべんきょう) 어학 공부	**料理** (りょう り) 요리
有酸素運動 (ゆうさん そ うんどう) 유산소 운동		**筋トレ** (きん) 근력 운동 *筋力トレーニング의 줄임말 (きんりょく)
ゴルフ 골프	**テニス** 테니스	**ピラティス** 필라테스
ドライブ 드라이브	**山登り** (やまのぼ) 등산	**釣り** (つ) 낚시
資格取得 (し かくしゅとく) 자격증 취득	**片づけ** (かた) 정돈, 정리	**ネットショッピング** 인터넷 쇼핑

PART 4

쇼핑

#쇼핑

ABC마트에서 요즘 잘 나가는 신발 추천받기

이 문장, 무슨 뜻일까요? ✦

は　　ごこ　ち
履き心地はいかがですか。

이런 말을 할 수 있어요. ✦

235mm인데요, 사이즈 있나요?

**책을 학습한 뒤,
동영상 강의를 보며
마무리합니다.**

 　×　 　×　 　　　

책 학습하기　　　mp3 파일 듣기　　　동영상 강의 보기

문장

1

착화감은 어떠세요?

<ruby>履<rt>は</rt></ruby>き<ruby>心地<rt>ごこち</rt></ruby>はいかがですか。

▶ ~心地는 '~하는 기분'을 나타냅니다.
> 예 乗り心地 승차감, 触り心地 촉감, 履き心地 착용감, 착화감

2

235mm인데요, 사이즈 있나요?

23.5cmなんですけど、サイズありますか。

▶ 일본에서 신발 사이즈는 센티미터(cm)로 표기하기 때문에 235가 아닌 23.5라고 해야 합니다.
내 신발 사이즈에 따라 다음과 같이 바꿔 말해 보세요.
> 예 23cm(にじゅうさんセンチ) 230mm
> 24cm(にじゅうよんセンチ) 240mm
> 24.5cm(にじゅうよんてんごセンチ) 245mm

단어

❶

スニーカー

스니커즈, 운동화

❷

いちばん
一番

첫째, 가장, 제일

❸

じき
時期

시기

❹

ごこ ち
～心地

~하는 기분

❺

いろ
色

색

❻

し ちゃく
試着

시착

❼

は
履く

신다

❽

ゆる
緩い

헐렁하다

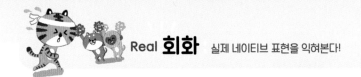
🎧 25-1.mp3

#25. ABC마트에서 요즘 잘 나가는 신발 추천받기

나   すみません。❶スニーカーを買_かいたいんですけど、
今_{いま}一番_{いちばん}人気_{にんき}のスニーカーってどれですか。

점원   スニーカーですか。この時期_{じき}だとエアマックスが
❷売_うれ筋_{すじ}です。

나   23.5cmなんですけど、サイズありますか。

점원   23.5ですね。❸お色_{いろ}はどうなさいますか。白_{しろ}と黒_{くろ}と
シルバーがございます。

나   黒_{くろ}でお願_{ねが}いします。

(試着_{しちゃく}してみる)

점원   履_はき心地_{ごこち}はいかがですか。

나   ちょっと緩_{ゆる}いですね。

Plus   진열된 신발을 신어 보고 싶을 때는 "試着_{しちゃく}してもいいですか(시착해 봐도 될까요?)" 혹은 "履_はいてみ
てもいいですか(신어 봐도 될까요?)"라고 물어보면 된답니다!

나　저기요. 스니커즈를 사고 싶은데요, 지금 가장 인기 있는 스니커즈는 어느 거예요?

점원　스니커즈인가요? 이 시기라면 에어맥스가 잘 팔리는 상품이에요.

나　235mm인데요, 사이즈 있나요?

점원　235군요. 색은 어떻게 하시겠어요? 흰색이랑 검정이랑 실버가 있습니다.

나　검정으로 부탁드려요.

(시착해 본다.)

점원　착화감은 어떠세요?

나　좀 헐렁헐렁하네요.

❶ **スニーカー 스니커즈**

운동화는 運動靴 혹은 スニーカー라고 하는데요. 운동을 하기 위한 스포츠 재질의 신발을 運動靴라고 하고, 컨버스나 반스와 같은 스니커즈 운동화는 スニーカー라고 부릅니다. 젊은층일수록 スニーカー를 선호하는 경향이 있어요.

❷ **売れ筋 가장 인기 있는 상품**

売れる(잘 팔리다)와 筋(줄기)가 합쳐진 단어로 잘 팔리는 라인, 즉 가장 인기 있는 상품을 말해요.

❸ **色 색**

인기 있는 신발 색상은 일본어로 다음과 같습니다.
白 흰색 / 黒 검정 / シルバー 실버 / グレー 회색 / ベージュ 베이지 / ネービー 네이비

169

🎧 25-2.mp3

발 특징

足の幅が狭い あし はば せま 발볼이 좁다	足の幅が広い あし はば ひろ 발볼이 넓다
足の甲が高い あし こう たか 발등이 높다	足の指が長い あし ゆび なが 발가락이 길다
高い靴は履けない たか くつ は 높은 신발은 못 신는다	扁平足 へんぺいそく 평발

신발 요소

幅 はば 폭	長さ なが 길이	高さ たか 높이
靴底 くつぞこ 구두창	靴先 くつさき 앞코	靴紐 くつひも 신발끈
インソール 깔창 *中敷きでも 함. なかじ	シークレットインソール 키 높이 깔창	ヒール 굽, 힐

신발 종류

フラットシューズ 플랫 슈즈 *ぺたんこ靴라고도 함. くつ	サンダル 샌들	ビーサン(ビーチサンダル) 쪼리, 비치 샌들
ブーツ 부츠	インヒールスニーカー 키 높이 운동화	ピンヒール 핀 힐, 뒷굽을 핀처럼 가늘게 디자인한 힐

Scene #26

백화점에서 재고 없는
상품 웨이팅 걸어 두기

이 문장, 무슨 뜻일까요? ✦

> 当店ではこのサイズが
> 最後の1点でして…。

이런 말을 할 수 있어요. ✦

> 이것보다 한 치수 작은 걸 받고 싶은데요.

책을 학습한 뒤,
동영상 강의를 보며
마무리합니다.

 × ×

책 학습하기 　　 mp3 파일 듣기 　　 동영상 강의 보기

문장

1

저희 가게에는 이 사이즈가 마지막 하나라서요.

<ruby>当店<rt>とう てん</rt></ruby>ではこのサイズが
<ruby>最後<rt>さい ご</rt></ruby>の1<ruby>点<rt>てん</rt></ruby>でして…。

▶ '점'을 의미하는 <ruby>点<rt>てん</rt></ruby>은 상품을 셀 때도 쓰입니다. 상품 개수에 따라 다음과 같이 바꿔 말해 보세요.
　1<ruby>点<rt>てん</rt></ruby> 한 점 / 2<ruby>点<rt>てん</rt></ruby> 두 점 / 3<ruby>点<rt>てん</rt></ruby> 세 점 / 4<ruby>点<rt>てん</rt></ruby> 네 점 / 5<ruby>点<rt>てん</rt></ruby> 다섯 점

2

이것보다 한 치수 작은 걸 받고 싶은데요.

これより<ruby>一回<rt>ひと まわ</rt></ruby>り<ruby>小<rt>ちい</rt></ruby>さいのを
もらいたいんですけど。

▶ 한국에서 '한 치수'라고 하는 것을 일본에서는 <ruby>一回<rt>ひと まわ</rt></ruby>り(한 바퀴)라고 표현합니다.

172

단어

①

フィットする

핏하다, 타이트하다

②

感(かん)じ

느낌

③

一回(ひとまわ)り小(ちい)さい

하나 더 작다, 한 단계 더 작다

④

最後(さいご)

최후, 마지막

⑤

取(と)り寄(よ)せ

예약 주문
*예약하여 상품을 가져오게 함.

⑥

他店舗(たてんぽ)

다른 점포

⑦

在庫(ざいこ)

재고

⑧

ちょうだいする

(윗사람이나 다른 사람에게) 받다
*もらう의 공손한 표현

🎧 26-1.mp3

#26. 백화점에서 재고 없는 상품 웨이팅 걸어 두기

(❶試着室から出る。)

점원 お客様、いかがでしょうか。

나 もう少し ❷フィットした感じがいいので、
これより一回り小さいのをもらいたいんですけど。

점원 当店ではこのサイズが最後の1点でして…。

나 そうなんですね。取り寄せはできますか。

점원 はい。他店舗に在庫があるので、お取り寄せ可能で
ございます。一日ほどお時間を ❸ちょうだいしており
ますが、宜しいでしょうか。

나 はい。大丈夫です。

Plus 한국에서 여성복 상의 사이즈 85는 일본에서는 S사이즈 또는 7 号라고 합니다. 또한 한국에서 90이라면
일본에서는 M사이즈 또는 9 号, 한국에서 95라면 일본에서는 L사이즈 또는 11号, 한국에서 100이라면
일본에서는 XL사이즈 또는 13号, 한국에서 105라면 일본에서는 XXL사이즈 또는 15号라고 표기한다는
점 알아 두세요!

174

(탈의실에서 나온다.)

점원   고객님, 어떠세요?

나   조금 더 핏한 느낌이 좋아서 이거보다 한 치수 작은 걸 받고 싶은데요.

점원   저희 가게에서는 이 사이즈가 마지막 하나라서요.

나   그렇군요. 예약 주문은 가능한가요?

점원   네. 다른 점포에 재고가 있어서 예약 주문 가능합니다.
   하루 정도 시간이 소요되는데요, 괜찮으실까요?

나   네. 괜찮습니다.

표현

❶ 試着室 시착실(탈의실)
   탈의실을 나타내는 단어는 試着室(しちゃくしつ) 외에도 更衣室(こういしつ) 또는 フィッティングルーム가 있습니다.

❷ フィット 핏
   フィットする라고 하면 옷이 헐렁하지 않고 딱 맞거나, 빈틈없이 들어맞는 것을 의미합니다.
   한국에서 쓰이는 의미의 '핏'은 일본에서는 シルエット(실루엣)라고 합니다.

❸ ちょうだいする 받다
   ちょうだい 자체는 "줘"라는 반말로 어린애들이 많이 쓰는 말이지만, '받다'라는 뜻으로 쓸 경우에는
   もらう의 겸양 표현이기 때문에 "제가 받겠습니다"라는 공손한 말이 됩니다.

옷 종류

トップス 상의	**ボトムス** 하의	**上着** ^{うわぎ} 겉옷 *アウター (아우터)라고도 함.
ワンピース 원피스	**スーツ** 수트, 정장	**インナー** 이너, 안에 입는 옷

상의

長袖 ^{ながそで} 긴팔	**半袖** ^{はんそで} 반팔	**ノースリーブ** 민소매
ブラウス 블라우스	**シャツ** 셔츠	**Tシャツ** 티셔츠

하의

ズボン 바지 *パンツ는 '팬티'라는 의미로 쓰이므로 주의!	**短パン** ^{たん} 반바지 *ハンズボン라고도 함.	**スラックス** 슬랙스
ジーンズ 청바지 *デニムパンツ라고도 함.	**ミニスカート** 미니스커트	**ロングスカート** 롱스커트

겉옷

コート 코트	**カーディガン** 가디건	**ダウン(ジャケット)** 패딩(재킷)

옷 가게에서 이틀 전 구매한 옷 사이즈 교환하기

이 문장, 무슨 뜻일까요? ✦

この洋服を着て出かけたりなどは
されてないですか。

이런 말을 할 수 있어요. ✦

집에서 한 번 입은 걸 끝으로 입은 적 없어요.

문장

1

이 옷을 입고 외출하거나 하지는 않으셨나요?

この洋服を着て出かけたりなどは

されてないですか。

▶ 또 다른 표현으로 '외출하다'는 外出する라고도 하지만 다소 딱딱한 뉘앙스를 줍니다. 일상에서 캐주얼하게 말할 때는 出かける를 써 보세요.

2

집에서 한 번 입은 걸 끝으로 입은 적 없어요.

家で一度着たきり、着たことないです。

▶ きり는 一回きり(1회 뿐)와 같이 명사에 접속했을 때는 '~뿐'이라고 해석되고, 동사 과거형 た형에 접속했을 때는 '~한 채로, ~한 것을 끝으로'로 해석됩니다.

단어

①

ちょっと

잠깐, 조금

②

聞^きく

듣다, 묻다

③

2日^{ふつか}

이틀

④

買^かう

사다

⑤

交換^{こうかん}

교환

⑥

着^きる

입다

⑦

出^でかける

외출하다, 나가다

⑧

一度^{いちど}

한 번

27-1.mp3

#27. 옷 가게에서 이틀 전 구매한 옷 사이즈 교환하기

나 　すみません。ちょっとお聞きしたいんですけど。

점원　はい。どうなさいましたか。

나 　これ、❶２日前に買ったんですけど、サイズって
　　　交換できますか。

점원　確認いたしますので、レシートをお預かりしても
　　　よろしいですか。

나 　はい。これです。

점원　この洋服を着て出かけたりなどはされてないですか。

나 　はい。家で一度着たきり、❷着たことないです。

점원　はい。では、サイズとお色はどうされますか。

나 　❸Sサイズの黒でお願いします。

점원　お持ちしますね。少々お待ちください。

Plus　일본에서는 새해를 맞아 福袋라고 하여 일명 럭키백 이벤트를 하는데요. 금액대에 따라 다양한 종류가 있
　　　으며, 안의 내용물은 확인할 수 없습니다. 보통 평소 좋아하던 브랜드의 옷을 구입하곤 하는데요. 福袋 이
　　　벤트로 구매한 상품의 경우, 교환 및 환불이 어렵습니다. 이 점 유의하세요!

나　　저기요. 좀 여쭤보고 싶은데요.

점원　　네. 무슨 일이세요?

나　　이거 이틀 전에 샀는데요, 사이즈는 교환 가능할까요?

점원　　확인해 드릴 테니 영수증을 맡아도 될까요?

나　　네. 이거예요.

점원　　이 옷을 입고 외출하거나 하지는 않으셨나요?

나　　네. 집에서 한 번 입은 걸 끝으로 입은 적 없어요.

점원　　네. 그러면 사이즈와 색상은 어떻게 하시겠어요?

나　　S사이즈 검정색으로 부탁해요.

점원　　가져다 드릴게요. 잠시만 기다려 주세요.

표현

❶ **2日 이틀**

다음과 같은 단어로 바꿔서 연습해 보세요.
昨日 어제, 3日前 3일 전, 4日前 4일 전

❷ **着たことない 입은 적 없다**

「동사 た형 + ことがない」는 '~한 적이 없다'는 뜻으로 과거의 경험을 나타냅니다. 반대로 「동사 た형
+ ことがある」는 '~한 적이 있다'는 뜻입니다.

❸ **Sサイズの黒 S사이즈 검정색**

사이즈와 색상을 바꿔서 연습해 보세요.
Mサイズの白 M사이즈 흰색, Lサイズのグレー L사이즈 회색

색상

白色 しろいろ 흰색	黒色 くろいろ 검정색	紺色 こんいろ 남색
ベージュ色 いろ 베이지색	灰色 / グレー はいいろ 회색	赤色 あかいろ 빨간색
青色 あおいろ 파란색	黄色 きいろ 노란색	緑色 みどりいろ 녹색

패턴

模様 もよう 무늬 *패턴, 그림이나 도형 등을 주로 뜻함.	柄 がら 무늬 *프린팅, 자수, 염색으로 만듦.	無地 むじ 무지, 민무늬
水玉 みずたま 물방울	ボーダー 가로줄 무늬	ストライプ 줄 무늬
しま 줄무늬	エスニック柄 がら 에스닉 무늬	花柄 はながら 꽃무늬

네크라인 종류

丸首 まるくび 라운드 넥	ハイネック 하이넥	Vネック 브이넥

화장품 가게에서 나에게 어울리는 립 제품 추천받기

이 문장, 무슨 뜻일까요? ✦

> こちらの商品(しょうひん)はうるつやタイプと
> マットタイプの両方(りょうほう)ございます。

이런 말을 할 수 있어요. ✦

> 저에게 어울리는 립 색상을 추천해 주실 수 없을까요?

책을 학습한 뒤,
동영상 강의를 보며
마무리합니다.

 × ×

책 학습하기　　mp3 파일 듣기　　동영상 강의 보기

워밍업 문장·단어 먼저 익히기

 문장

1

이쪽의 상품은 촉촉하고 윤기 나는 타입과 매트 타입 둘 다 있어요.

こちらの商品はうるつやタイプと
マットタイプの両方ございます。

▶ 潤う는 '촉촉하다'라는 뜻이며, 艶는 '광택'을 뜻합니다. 따라서 촉촉하고 반들반들하여 물광이 나는 느낌을 두 단어를 합쳐서 줄임말로 うるつや라고 해요.

2

저에게 어울리는 립 색상을 추천해 주실 수 없을까요?

私に似合うリップの色をおすすめ
していただけないですか。

▶ リップ는 기본적으로 '입술'을 뜻하지만 립스틱을 의미하기도 합니다. 또한 '립스틱'은 다른 말로 口紅라고도 해요. 그리고 상대에게 무엇인가를 요청해서 내가 받아야 할 때 ～ていただけますか(~해 줄 수 있을까요?)라는 정중 표현을 쓸 수 있습니다. 이때 해당 표현을 부정형으로 바꿔 ～ていただけないですか(~해 줄 수 없을까요?)라고도 말할 수 있는데요. 우리에겐 다소 낯선 화법일 수 있으나, 상대방의 입장을 고려해서 돌려 말하는 일본 사람들이 자주 쓰는 표현입니다.

단어

❶

に あ
似合う

어울리다

❷

はだ
肌

피부

❸

いろ じろ
色白

살갗이 힘

❹

ピッタリ

딱, 꼭 맞는 모양

❺

うるつや

촉촉하고 윤기 남

❻

りょうほう
両方

양방, 양쪽 모두

❼

はっしょく
発色

발색

❽

て こう
手の甲

손등

🎧 28-1.mp3

#28. 화장품 가게에서 나에게 어울리는 립 제품 추천받기

나　すみません。私_{わたし}に似合_{にあ}うリップの色_{いろ}をおすすめして

　　いただけないですか。

점원　もちろんです。お客様_{きゃくさま}は ❶ イエベのように見_みえるので、

　　こちらのコーラルピンクのリップはいかがですか。

　　お肌_{はだ}のトーンが明_{あか}るいので、❷ 色白_{いろじろ}のお肌_{はだ}にピッタリ

　　だと思_{おも}います。

나　すごく綺麗_{きれい}ですね！でも、もう少_{すこ}しマットな感_{かん}じの

　　ものはありますか。

점원　はい！こちらの商品_{しょうひん}はうるつやタイプとマットタイプ

　　の両方_{りょうほう}ございます。

나　マットタイプの発色_{はっしょく}も見_みせてもらっていいですか。

점원　❸ 手_ての甲_{こう}ですが、お色_{いろ}をお見_みせしますね。

나　そしたら、こっちのマットタイプにします。

　　ありがとうございます。

Plus 화장품 관련 용어 중에 プチプラ와 デパコス라는 게 있습니다. プチプラ는 '쁘띠 프라이스'의 약자로, 저렴하지만 가성비가 좋은 제품을 뜻하는데요. 특히 여성들의 화장품, 잡화, 향수 등 패션과 관련된 분야에서 잘 쓰여요. 작고 귀여운 어감이 있어 많이 쓰이니 꼭 알아 두세요. 반면 デパコス는 デパートで売_うられているコスメ(cosmetics)라고 해서, 백화점에 입점한 고급 브랜드의 상품을 말합니다.

나 저기요. 저에게 어울리는 립 색상을 추천해 주실 수 없을까요?

점원 물론이죠. 고객님은 웜톤처럼 보이니, 이쪽의 코랄 핑크 립은 어떠세요?

피부 톤이 밝아서 하얀 피부에 딱이라고 생각해요.

나 엄청 예뻐요! 그런데 조금 더 매트한 느낌인 건 있나요?

점원 네! 이쪽의 상품은 촉촉하고 윤기 나는 타입과 매트 타입 둘 다 있어요.

나 매트 타입의 발색도 보여 주실 수 있나요?

점원 손등이지만 색상을 보여 드릴게요.

나 그러면, 이쪽의 매트 타입으로 할게요. 감사해요.

❶ **イエベ 웜톤**
일본에도 퍼스널 컬러에 대한 개념이 있습니다. 웜톤을 イエベ(イエローベース)(옐로우 베이스)라고 하고, 쿨톤을 ブルベ(ブルーベース)(블루 베이스)라고 합니다.

❷ **色白 하얀 피부**
白色라고 하면 '백색'이라는 뜻이지만, 色白라고 하면 보통 '하얀 피부'라는 뜻이 됩니다. 예로부터 일본에서는 色白인 여성이 미인상이라서 칭찬의 의미를 지니기도 해요.

❸ **手の甲 손등**
甲는 갑을병정의 '갑'이라고 할 수도 있지만 손등, 발등을 뜻하기도 합니다. 참고로 '손바닥'은 手のひら라고 해요.

단어 빅데이터

🎧 28-2.mp3

메이크업 제품

日焼け止め	化粧下地	ファンデーション
선크림	메이크업 베이스	파운데이션
チーク	眉マスカラ	口紅 / リップ
볼터치	눈썹 마스카라	립스틱

뷰티 소품

つけまつげ	眉毛カミソリ	あぶらとり紙
인조 속눈썹	눈썹 칼	기름종이

미용 용어

化粧 / メイク	スッピン	化粧落とし / クレンジング
화장	쌩얼, 맨얼굴	클렌징

피부 표현

マット肌	陶器肌	ツヤ肌	たまご肌
매트한 피부	도자기 피부	물광 피부	깐달걀 피부

기타 표현

化粧が落ちる	マスカラをつける
화장이 지워지다 *化粧が落とす 화장을 지우다	마스카라를 바르다

화장품 느낌 표현

さらさら	もちもち	つるつる	潤い / しっとり
뽀송뽀송	탱탱, 쫀쫀	매끈매끈	촉촉

화장품 가게에서 피부 타입 고민 상담하고 제품 추천받기

이 문장, 무슨 뜻일까요? ✦

せい ぶん　　　　　 はい　　　　　にゅう えき しょう ひん　　　　　 はだ
シカ成分の入った乳液商品がお肌の
ちん せい　　　　　　　　　 き
鎮静によく効くのでおすすめです。

이런 말을 할 수 있어요. ✦

여드름에 효과가 있을 만한 기초화장품을 찾고 있어요.

워밍업 문장·단어 먼저 익히기

 문장

1

시카 성분이 들어간 로션 상품이 피부 진정에 효과가 좋아서 추천해요.

シカ成分の入った乳液商品がお肌の
鎮静によく効くのでおすすめです。

▶ 일본은 한국과 기초화장품의 명칭이 많이 다르기 때문에 구매할 때 주의하세요. 특히 '스킨'을 로션이라고 부르고, '로션'은 乳液라고 하기 때문에 헷갈릴 수 있어요. 참고로 '에센스'는 美容液라고 합니다.

2

여드름에 효과가 있을 만한 기초화장품을 찾고 있어요.

ニキビに効くようなスキンケアを
探してます。

▶ 여기서 効く는 '효과가 있다'라는 뜻입니다. 그런데 きく라는 발음을 지닌 한자는 이외에도 굉장히 많습니다. 따라서 상대방의 제스처나 억양, 말의 흐름을 통하여 뜻을 파악해야 해요. 대표적인 예시로는 聞く(듣다, 묻다), 聴く(귀 기울여 듣다)가 있습니다. 그리고 '기초화장품'은 원래 基礎化粧品이라고 하는데요. 요즘에는 주로 スキンケア라고 합니다.

단어

❶
なや
悩み

고민

❷
はだ
ニキビ肌

여드름 피부

❸
き
効く

효과가 있다

❹
せい ぶん
成分

성분

❺
ちん せい
鎮静

진정

❻
しっかり

제대로, 꽉

❼
ほ しつ
保湿

보습

❽
ため
試す

시도하다, 시험하다

#29. 화장품 가게에서 피부 타입 고민 상담하고 제품 추천받기

점원 　お客様、何かお探しですか。

나 　今使ってるスキンケアが ❶肌に合わなくて…。

점원 　どんなトラブルでお悩みですか。

나 　❷ニキビ肌なので、ニキビに効くようなスキンケアを
　　　探してます。

점원 　でしたら、シカ成分の入った乳液商品がお肌の鎮静に
　　　よく効くのでおすすめです。

나 　そうなんですね。

점원 　しっかり保湿をしながら鎮静させるのがニキビには
　　　いいと思います。

나 　それ、試してみます。

점원 　ありがとうございます。ローションの ❸サンプルも
　　　お付けしておきますので、ぜひお試しください。

Plus 쇼핑 중에 직원이 다가와서 말을 걸 때가 있죠. 도움이 필요하지 않다면 이렇게 말해 보세요. "もう少し いろいろ見てみます(조금 더 여러가지 둘러 볼게요)" 혹은 "もう少し悩んでから決めます(조금 더 고민하고나서 정할게요)", "ただ見ているだけです(그냥 보고 있는 거예요)"등이 있습니다.

점원　손님, 무언가 찾으세요?

나　　지금 쓰고 있는 기초화장품이 피부에 안 맞아서요.

점원　어떤 트러블로 고민이신가요?

나　　여드름 피부라서 여드름에 효과가 있을 만한 기초화장품을 찾고 있어요.

점원　그렇다면 시카 성분이 들어간 로션 상품이 피부 진정에 효과가 좋아서
　　　추천해요.

나　　그렇군요.

점원　제대로 보습을 하면서 진정시키는 게 여드름에는 좋다고 생각해요.

나　　그거 써 볼게요.

점원　감사합니다. 스킨 샘플도 같이 드릴 테니 꼭 써 보세요.

❶ 肌 피부
일상 회화에서 피부를 말할 때는 肌(はだ)라고 하는데요. 다소 딱딱하게 표현할 때는 皮膚(ひ ふ)라고 합니다. 예를
들어 피부과는 皮膚科(ひ ふ か)라고 해요. 함께 알아 두세요.

❷ ニキビ 여드름
참고로 뽀루지는 吹き出物(ふ で もの)라고 합니다. 주로 어른에게 뽀루지가 발생하기 때문에 大人(おとな)ニキビ(어른 여
드름)라고도 해요.

❸ サンプル 샘플
화장품 샘플처럼 추가로 주는 덤은 おまけ라고 합니다. おまけ의 まけ는 '지다'라는 뜻으로 점원이 손
님과의 흥정에서 져서 싸게 해 주는 것을 말해요.

피부 타입

乾燥肌 (かんそうはだ)	普通肌 (ふつうはだ)	脂性肌 (しせいはだ)
건성 피부	보통 피부	지성 피부 *オイリー肌(はだ)라고도 함.
トラブル肌(はだ)	混合肌 (こんごうはだ)	敏感肌 (びんかんはだ)
트러블 피부	복합성 피부	민감성 피부

피부 고민

肌(はだ)のキメ	毛穴 (けあな)	皮脂 (ひし)
피부결	모공	피지
ニキビ跡(あと)	角質 (かくしつ)	肌荒(はだあ)れ
여드름 자국	각질	살갗이 거칠어짐
しみ	そばかす	色素沈着 (しきそちんちゃく)
기미	주근깨	색소 침착
たるみ	しわ	ほうれい線(せん)
(피부) 처짐, 늘어짐	주름	팔자 주름
くすみ	血色 (けっしょく)	目(め)の下(した)のクマ
칙칙함	혈색	다크서클
でこぼこ	テカリ	カサカサ
요철, 울퉁불퉁	개기름, 번들거림	꺼칠꺼칠함

Scene #30

매장에서 음료
잠시 맡아 달라고 부탁하기

이 문장, 무슨 뜻일까요? ✦

お飲み物の持ち込みは
お控えさせていただいております。

이런 말을 할 수 있어요. ✦

음료도 있는데요, 꺼내는게 좋을까요?

책을 학습한 뒤,
동영상 강의를 보며
마무리합니다.

책 학습하기　×　mp3 파일 듣기　×　동영상 강의 보기

1

음료 반입은 삼가하고 있어서요.

お飲_のみ物_{もの}の持_もち込_こみは

お控_{ひか}えさせていただいております。

▶ 직접적으로 말하지 않고 돌려 말하는 일본의 문화를 엿볼 수 있는 문장입니다. '삼가다, 자제하다'라는 뜻의 控_{ひか}える에 '(제가) ~하겠다'라는 뜻의 ~(さ)せていただく가 합쳐졌어요. 즉 손님에게 삼가 달라는 부탁을 자신을 내세워 공손히 돌려 말하는 거예요.

2

음료도 있는데요, 꺼내는 게 좋을까요?

飲_のみ物_{もの}もあるんですけど、

出_だした方_{ほう}がいいですか。

▶ 회화에서는 종종 です 앞에 ん을 붙여 んです라고 말합니다. んです는 직역하면 '~거든요'라는 뜻으로, ~のです(~인 것입니다)의 회화체 강조 표현인데요. 자신의 상황이나 사정, 이유를 설명할 때 강조하는 역할을 하지만, 너무 남발하면 자기 주장이 강한 사람으로 느껴지거나 어리광 부리는 것처럼 느껴지기도 하니 주의하세요.

단어

1

もこ
持ち込み

가지고 들어옴, 반입

2

ひか
控える

삼가다, 자제하다

3

~(さ)せていただく

(제가) ~하다

4

あず
預かる

맡다, 보관하다

5

おそ い
恐れ入る

송구스러워하다

6

こえ か
声を掛ける

말을 걸다

7

ふた
蓋

뚜껑, 덮개

8

かま
構う

상관하다

🎧 30-1.mp3

#30. 매장에서 음료 잠시 맡아 달라고 부탁하기

점원 お客様、申し訳ございません。店内、お飲み物の
持ち込みはお控えさせていただいております。

나 あ、そうなんですね。飲み物を預かってもらう
ことってできますか。

점원 はい。❶恐れ入ります。

(ドリンクを預かる。)

점원 お帰りの際に❷お声掛けください。

나 カバンの中にペットボトルに入っている飲み物も
あるんですけど、出した方がいいですか。

점원 いいえ、蓋があるものは、❸蓋をして❹しまって
いただければ構いません。

나 はい。分かりました。

Plus 가게마다 다르지만, 음료나 술 등의 반입이 가능할 경우, 〜持ち込み可(〜반입가능)라고 적혀 있습니다. 可는 '가능'을 나타내요. 반면, 다른 손님들에게 피해가 갈 만한 행동을 금지하는 경우에는 〜禁止(〜금지)라는 문구를 써 놓습니다.

점원　고객님, 죄송합니다. 매장 내 음료 반입은 삼가고 있어서요.

나　아, 그렇군요. 음료를 맡아 주실 수는 있나요?

점원　네. 죄송합니다.

　　　(음료를 보관한다.)

점원　돌아가실 때 말씀해 주세요.

나　가방 안에 페트병에 들어 있는 음료도 있는데요, 꺼내는게 좋을까요?

점원　아니요, 뚜껑이 있는 건 뚜껑을 닫아서 넣어 주시면 상관없습니다.

나　네. 알겠어요.

표현

❶ 恐れ入ります 죄송합니다

미안함을 전할 때 "すみません"을 사용하는데요. 이를 "恐^{おそ}れ入^いります(송구합니다)"로 바꾸면 상대에게 더 정중한 인상을 줄 수 있어요. 비즈니스 회화에서는 더 정중하게 "大変恐縮^{たいへんきょうしゅく}でございます"라고 합니다.

❷ お声掛けください 말씀해 주세요

声^{こえ}を掛^かけ고는 '말을 걸다'라는 뜻인데요. 매장에서 손님에게 필요한 게 있으면 말하라고 할 때 "お気^き軽^{がる}にお声掛^{こえが}けください(가볍게 말 걸어 주세요)"라고 합니다.

❸ 蓋をして 뚜껑을 닫아서

蓋^{ふた}をする는 '뚜껑을 덮다'라는 뜻입니다. 자주 쓰는 표현이니 덩어리로 외우세요.

❹ しまって 넣어

しまう는 '치우다, 정리하다, 넣다'라는 뜻입니다. 특히 시험장에서 많이 듣는 표현인데요. "전자 기기는 가방에 넣어 주세요/치워 주세요"라고 할 때 "電子機器^{でんしきき}はカバンにしまってください"라고 합니다.

199

단어 빅데이터

🎧 30-2.mp3

세일

セール 세일	割引(わりびき) 할인	~%引(び)き ~% 할인 *~%オフ(OFF)라고도 함.
値引(ねび)き 값을 깎음	値下(ねさ)げ 가격 인하	特典(とくてん) 특전
流行(りゅうこう) 유행	先取(さきど)り 선점	お得(とく) 이득

체형

体型(たいけい) 체형	痩(や)せている 말랐다	太(ふと)っている 뚱뚱하다
がりがり 몸이 깡마름, 삐쩍 마름	スリム 슬림, 날씬함	ぽっちゃり 통통함
長身(ちょうしん) 장신, 키가 큼	短身(たんしん) 단신, 키가 작음	手足(てあし)が長(なが)い 손발이 길다
上半身(じょうはんしん) 상반신	下半身(かはんしん) 하반신	スタイルがいい 몸매가 좋다

기념품 가게에서 선물 포장 부탁하기

이 문장, 무슨 뜻일까요? ✨

お好きな形をお選びいただけます。

이런 말을 할 수 있어요. ✨

선물용으로 부탁드려요.

책을 학습한 뒤,
동영상 강의를 보며
마무리합니다.

 × ×

책 학습하기　　mp3 파일 듣기　　동영상 강의 보기

워밍업 문장·단어 먼저 익히기

문장

1

좋아하는 형태를 고르실 수 있어요.

お好きな形をお選びいただけます。
（す）（かたち）（えら）

▶ 점원이 손님에게 자주 쓰는 표현 중 하나입니다. 「お+동사 ます형+いただく(~해 주시다)」의
문형을 가능형 いただける로 바꿨는데요. 직역하면 "좋아하는 것을 골라 주실 수 있어요"이
지만, "고르실 수 있어요"라고 해석하면 됩니다. 단, 명사의 경우 「ご+한자 명사+いただく」의
형태라는 점을 유의하세요.

　예　<u>ご来店いただき</u>、ありがとうございます。　<u>가게에 와 주셔서</u> 감사합니다.
　　　（らいてん）

2

선물용으로 부탁드려요.

プレゼント用でお願いします。
（よう）（ねが）

▶ 선물용으로 포장할 경우, 가격표를 제거해야겠죠. 혹시 포장해 주시는 분이 잊었을 때에는
"値段は隠してください(가격은 가려 주세요)" 또는 "値札は取ってください(가격표는 떼
（ねだん）（かく）　　　　　　　　　　　　　　　　（ねふだ）（と）
주세요)"라고 요청해 보세요! 그리고 선물 포장이 필요 없는 경우, "自分用です(제가 쓰려고
　　　　　　　　　　　　　　　　　　　　　　　　　（じぶんよう）
요)" 혹은 "自宅用です(자택용이에요)"라고 하면 된답니다.
　　　　　（じたくよう）

202

단어

❶
なら
並ぶ

줄 서다, 늘어서다

❷
わ
渡たす

건네주다

❸
よう
プレゼント用

선물용

❹
し かく
四角い

네모나다

❺
はこ
箱

상자

❻
かたち
形

모양, 형태

❼
えら
選ぶ

고르다, 선택하다

❽
ラッピング

래핑, 포장

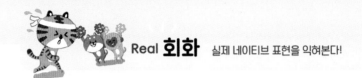

🎧 31-1.mp3

#31. 기념품 가게에서 선물 포장 부탁하기

점원 お並_{なら}びのお客様_{きゃくさま}、こちらへどうぞ。

나 (商品_{しょうひん}を渡_{わた}す。) すみません。プレゼント用_{よう}でお願_{ねが}いします。

점원 プレゼント用_{よう}でございますね。無料_{むりょう}❶ラッピングと

有料ラッピングがございますが、いかがなさいますか。

나 有料_{ゆうりょう}で。

점원 かしこまりました。四角_{しかく}い箱_{はこ}のラッピングと袋_{ふくろ}に入_いれ

るタイプのラッピングの中_{なか}から、お好きな形_{かたち}をお選_{えら}び

いただけます。

나 箱_{はこ}の形_{かたち}でお願_{ねが}いします。

점원 (ラッピングのサンプルを見_みせる。)

このような❷形_{かたち}になりますが、よろしいですか。

나 はい。大丈夫_{だいじょうぶ}です。

점원 では、お会計失礼_{かいけいしつれい}します。❸合_あわせて4,000円_{えん}でございます。

ラッピングいたしますので、少々_{しょうしょう}お待_まちください。

Plus 이때 추가로 종이 백을 받고 싶다면 "渡_{わた}す用_{よう}に紙袋_{かみぶくろ}をください(전달용으로 종이 백을 주세요)"라고 말해 보세요.

점원　줄 서 계신 손님 이쪽으로 오세요.

나　(상품을 건넨다.) 실례해요. 선물용으로 부탁드려요.

점원　선물용이시군요. 무료 포장과 유료 포장이 있는데요, 어떻게 하시겠어요?

나　유료로요.

점원　알겠습니다. 네모난 상자 포장과 봉투에 넣는 타입의 포장 중에서 좋아하는 형태를 고르실 수 있어요.

나　상자 형태로 부탁해요.

점원　(포장 샘플을 보여준다.) 이러한 형태가 되는데요, 괜찮으세요?

나　네. 괜찮아요.

점원　그럼, 계산할게요. 합해서 4,000엔입니다. 포장해 드릴 테니 잠시 기다려 주세요.

❶ ラッピング 래핑, 포장

　다른 표현으로 包装(포장)이라고 바꿔 쓸 수 있습니다.

❷ 形 형태, 모양

　선물 포장 시 아래의 단어를 활용해 보세요.

　箱 상자 / リボン 리본 / 包装紙 포장지 / クラフト紙 크라프트지 / 不織布 부직포

❸ 合わせて 합해서

　다른 표현으로 合計(합계)라고 바꿔 말할 수 있습니다.

선물 종류

お土産（みやげ）	贈り物（おくもの）	誕生日（たんじょうび）プレゼント
プレゼント보다 격식을 차린 느낌을 주는 선물	여행지나 출장지 등에서 사 온 그 지역만의 기념품 선물	생일 선물 *줄여서 誕（たん）プレ라고 함.
お祝（いわ）い	手土産（てみやげ）	自分（じぶん）へのご褒美（ほうび）
입학, 결혼, 출산 등 특정한 날을 맞이해서 주는 선물	집들이나 초대를 받아서 방문할 때 가져가는 선물	자신에게 주는 포상, 선물

선물 리액션

喜（よろこ）ぶ	嬉（うれ）しい	笑（わら）う
기뻐하다	기쁘다	웃다
ありがたい	感動（かんどう）する	感心（かんしん）する
감사하다, 고맙다	감동하다	감탄하다, 감복하다

상품 속성

おすすめ	限定品（げんていひん）	期間限定（きかんげんてい）
추천	한정품	기간 한정
在庫（ざいこ）	自宅用（じたくよう）	プレゼント用（よう）
재고	자택용	선물용

결제

金額（きんがく）	支払（しはら）い	お会計（かいけい）
금액	지불	계산

면세

免税（めんぜい）	税金（ぜいきん）	税込（ぜいこ）み
면세	세금	세금 포함

학습일: 월 일

드럭스토어에서
부작용 적은 두통약 찾기

이 문장, 무슨 뜻일까요? ✦

2 錠<ruby>錠<rt>じょう</rt></ruby>ずつ服<ruby>服<rt>ふく</rt></ruby>用<ruby>用<rt>よう</rt></ruby>してください。

이런 말을 할 수 있어요. ✦

두통약은 어느 거예요?

책을 학습한 뒤,
동영상 강의를 보며
마무리합니다.

책 학습하기 × mp3 파일 듣기 × 동영상 강의 보기

1

두 알씩 복용하세요.

2錠ずつ服用してください。

▶ 알약을 세는 단위는 錠라고 합니다.
　1錠 한 알 / 2錠 두 알 / 3錠 세 알 / 4錠 네 알 / 5錠 다섯 알

2

두통약은 어느 거예요?

頭痛薬はどれですか。

▶ 두통에도 다양한 증상이 있는데요. 다음의 표현을 함께 알아 두세요.
　頭がずきずきする(머리가 지끈거리다) / 頭がガンガンする(머리가 띵하다)

단어

❶

ず つう やく
頭痛薬

두통약

❷

このあたり

이 근처, 이 부근

❸

ふく さ よう
副作用

부작용

❹

すく
少ない

적다

❺

あまり

별로, 그다지

❻

き も　　　　わる
気持ち(が)悪い

기분이 안 좋다, 속이 안 좋다

❼

こ じん さ
個人差

개인차

❽

じょう
~錠

~정, ~알(약 셀 때)

🎧 32-1.mp3

#32. 드럭스토어에서 부작용 적은 두통약 찾기

나　あの、頭痛薬（ずつうやく）はどれですか。

점원　頭痛薬（ずつうやく）はこのあたり全（すべ）てになります。

나　すみません。❶副作用（ふくさよう）が一番少（いちばんすく）ないのってどれですか。

점원　こちらは副作用（ふくさよう）が❷あまりございません。

나　気持（きも）ち悪（わる）くはならないですか。

점원　❸個人差（こじんさ）はございますが、大丈夫（だいじょうぶ）かとは思（おも）います。

나　じゃあ、とりあえず、それでお願（ねが）いします。

점원　こちらは1日（にち）2回（かい）、2錠（じょう）ずつ服用（ふくよう）してください。

Plus　'기분이 나쁘다'는 気持（きも）ちが悪（わる）い 또는 気分（きぶん）が悪（わる）い라고 하는데. 気持（きも）ち는 신체적, 감각적으로 불쾌감이 들 때 쓰는 표현이에요. 예를 들면 과식이나 숙취 등으로 몸 상태가 좋지 않거나, 뱀 혹은 바퀴벌레 등 거북스러운 것을 접한 후 불쾌한 감정이 들었을 때 씁니다. 또한 음주 후에는 '속이 안 좋아'라고 해석할 수도 있어요. 반면 気分（きぶん）が悪（わる）い는 성적이 안 좋거나 승진을 못했거나 연인과 헤어졌거나 하는 감정적으로 불쾌한 상황일 때 사용합니다.

나   저, 두통약은 어느 거예요?

점원   두통약은 이 부근 전부예요.

나   저기요. 부작용이 가장 적은 것은 어느 거예요?

점원   이쪽은 부작용이 별로 없습니다.

나   속이 안 좋아지지는 않나요?

점원   개인차는 있지만, 괜찮을 거예요.

나   그럼, 일단 그걸로 부탁해요.

점원   이쪽은 하루 두 번, 두 알씩 복용하세요.

❶ **副作用 부작용**

어떤 부작용이 있는지 확인하고 싶다면, "何か副作用はありますか(뭔가 부작용이 있을까요?)"라고 물어보세요.

❷ **あまりございません 별로 없습니다**

'별로 없다'는 あまりない, 반대로 '꽤 있다'는 結構ある라고 말합니다.

❸ **個人差はございますが 개인차는 있습니다만**

비슷한 표현인 "人によりますけど(사람에 따라 다르지만요)"로 바꿔 말할 수 있습니다.

약 종류

かぜ薬 감기약	痛み止め 진통제	消化剤 소화제
下痢止め 설사약, 지사제	咳止め薬 기침약	酔い止め 멀미약
解熱剤 해열제	便秘薬 변비약	軟膏 연고
胃腸薬 위장약	目薬 안약	絆創膏 반창고

증상

お腹をくだす 배탈이 나다, 설사를 하다	頭が痛い 머리가 아프다	熱がある 열이 있다
胃もたれ 체함, 더부룩함	目がかゆい 눈이 가렵다	鼻が詰まる 코가 막히다
つる 쥐가 나다	だるい 나른하다, 피곤하다	吐きそう 토할 것 같다
血が出る 피가 나다	咳が出る 기침이 나다	喉が腫れる 목이 붓다

관광

#관광

학습일 : 월 일

놀이공원에서 사진 촬영 부탁하기

이 문장, 무슨 뜻일까요? ✦

と
撮りますね〜！はい、チーズ。

이런 말을 할 수 있어요. ✦

완벽해요!

책을 학습한 뒤,
동영상 강의를 보며
마무리합니다.

 × ×

책 학습하기　　mp3 파일 듣기　　동영상 강의 보기

문장

1

찍을게요~! 네, 치즈.

撮りますね〜！はい、チーズ。
（と）

▶ 일반적으로 사진을 찍을 때 "チーズ"가 가장 많이 쓰이는데요. 그 외에도 V를 나타내는 "ピース" 또는 중년층 이상에서 자주 사용하는 "ポーズ", 그리고 "1 + 1 は？"라고 질문하면 "2"라고 대답하면서 장난스레 사진을 찍는 방식도 있습니다.

2

완벽해요!

バッチリです！

▶ バッチリ 혹은 バッチシ라고도 하는 이 말은 '완벽하다, 딱 좋다'라는 뜻입니다. 열려 있던 것이 빈틈 없이 완벽하게 닫혔을 때의 소리를 표현한 의태어이지만, 일상생활에서 "완벽해!"라고 칭찬할 때 자주 씁니다.

단어

①
しゃしん
写真

사진

②
と
撮る

(사진을) 찍다

③
よこ
横

가로

④
かくにん
確認

확인

⑤
ブレる

(카메라가) 흔들리다

⑥
いちまい
もう一枚

한 장 더

⑦
たて
縦

세로

⑧
バッチリ

완벽함, 끝내줌

🎧 33-1.mp3

#33. 놀이공원에서 사진 촬영 부탁하기

나 　あの、すみませーん。写真撮ってもらってもいいですか。

행인 　はい。いいですよ！撮りますね〜！はい、チーズ。

　　　(横で写真を撮る)

행인 　確認してもらってもいいですか。

나 　あ、ちょっと❶ブレ❷ちゃっているので、もう一枚

　　　お願いしてもいいですか。あと、すみません、❸縦で

　　　お願いできますか。

행인 　はい。じゃ、もう一度撮りますね。はい、チーズ。

　　　どうですか。

나 　バッチリです！ありがとうございます！

행인 　いいえ〜。

Plus　만일 다른 사람에게 사진을 찍어 주고자 배려의 말을 건넨다면 "良かったらお写真撮りましょうか
　　　(괜찮으면 사진 찍어 드릴까요?)"라고 대화를 시작해 보세요.

나　저, 저기요. 사진 좀 찍어 주실 수 있을까요?

행인　네. 좋아요! 찍을게요~! 네, 치즈.

　　　(가로로 사진을 찍는다)

행인　확인해 주실 수 있을까요?

나　아, 조금 흔들려 버렸는데 한 장 더 부탁드려도 될까요?
　　그리고 죄송해요, 세로로 부탁드릴 수 있을까요?

행인　네. 그럼 다시 한 번 찍을게요. 네, 치즈. 어때요?

나　완벽해요! 감사합니다!

행인　아니에요~.

표현

❶ **ブレる 흔들리다**
ブレる는 '(카메라가) 흔들리다'라는 뜻입니다. 그래서 '손떨림 방지'를 일본어로 手ブレ防止라고 해요.

❷ **ちゃって ~해 버렸는데**
~てしまう(~해 버리다)의 회화체인 ~ちゃう를 과거형으로 나타낸 문장입니다. ~ちゃった라고
하면 남의 탓으로 돌리는 게 아닌가 싶을 수 있지만, '본의 아니게 ~해 버렸네. 어쩔 수 없지'라는 뉘앙스
여서 본인 혹은 남에게 책임을 느끼지 않게 할 때에도 쓰입니다.

❸ **縦 세로**
가로는 横라고 합니다. 함께 알아 두세요.

219

티켓

チケット売り場	割引券	優待券
매표소	할인권	우대권

시설

遊園地	テーマパーク	アトラクション
유원지, 놀이공원	테마파크	어트랙션, 놀이기구
観覧車	コインロッカー	救護室
관람차	코인 로커	구호실, 양호실
喫煙所	パーキングエリア	外貨両替
흡연 장소	주차장	외화 환전
授乳室	展望台	ケーブルカー
수유실	전망대	케이블카

사진 관련 표현

ピントを合わせる	ピントがぼけている
핀트를 맞추다, 초점을 맞추다	핀트가 나가 있다, 초점이 흐리다
レンズが曇っている	レンズに傷がつく
렌즈가 뿌옇다	렌즈에 상처가 나다

Scene #34

미용실에서 원하는
커트 스타일 말하기

이 문장, 무슨 뜻일까요? ✦

どんな風<ruby>ふう</ruby>にしましょうか。

이런 말을 할 수 있어요. ✦

단발로 부탁드려요.

문장

1

어떤 스타일로 하시겠어요?

どんな風にしましょうか。

▶ 일본에서는 어떤 스타일이나 양식을 이야기할 때 '~풍(風)'이라는 표현을 자주 사용합니다.

예 **今風のファッション** 요즘 스타일의 패션
韓国人風のメイク 한국인 스타일의 메이크업
西洋風の街並み 서양 스타일의 길거리

2

단발로 부탁드려요.

ショートボブでお願いします。

▶ '단발'을 그대로 직역해서 短髪라고 하면, 일본에서는 남성들이 하는 짧은 머리를 의미하므로 주의하세요! 일본에서 '단발'은 ショートボブ이므로 구별해서 외우도록 합시다.

단어

❶
うわ ぎ
上着

겉옷

❷
ぬ
脱ぐ

벗다

❸
ふう
~風に

~풍으로, ~식으로

❹
け さき
毛先

머리끝

❺
いた
傷む

상하다

❻
かお まわ
顔回り

얼굴 주변

❼
あんまり

너무, 그다지

❽
だん い
段を入れる

층을 넣다

🎧 34-1.mp3

#34. 미용실에서 원하는 커트 스타일 말하기

점원　こんにちは。ご予約<ruby>予約<rt>よやく</rt></ruby>されていますか。

나　はい。今日<ruby>今日<rt>きょう</rt></ruby>午後<ruby>午後<rt>ごご</rt></ruby>2時<ruby>時<rt>じ</rt></ruby>に予約<ruby>予約<rt>よやく</rt></ruby>したチェです。

점원　チェ様<ruby>様<rt>さま</rt></ruby>ですね。お待<ruby>待<rt>ま</rt></ruby>ちしておりました。おカバンと
❶上着<ruby>上着<rt>うわぎ</rt></ruby>をお預<ruby>預<rt>あず</rt></ruby>かりしますね。

나　(上着<ruby>上着<rt>うわぎ</rt></ruby>を脱<ruby>脱<rt>ぬ</rt></ruby>いで渡<ruby>渡<rt>わた</rt></ruby>す。) お願<ruby>願<rt>ねが</rt></ruby>いします。

점원　こちらのお席<ruby>席<rt>せき</rt></ruby>へどうぞ。どんな風<ruby>風<rt>ふう</rt></ruby>にしましょうか。

나　毛先<ruby>毛先<rt>けさき</rt></ruby>がすごく傷<ruby>傷<rt>いた</rt></ruby>んでるので切<ruby>切<rt>き</rt></ruby>ってもらいたいです。

점원　10センチほど切<ruby>切<rt>き</rt></ruby>ることになりますが、大丈夫<ruby>大丈夫<rt>だいじょうぶ</rt></ruby>ですか。

나　はい、大丈夫<ruby>大丈夫<rt>だいじょうぶ</rt></ruby>です。ショートボブでお願<ruby>願<rt>ねが</rt></ruby>いします。
あと❷顔回<ruby>顔回<rt>かおまわ</rt></ruby>りはあんまり❸段<ruby>段<rt>だん</rt></ruby>を入<ruby>入<rt>い</rt></ruby>れないでください。

점원　かしこまりました。では、切<ruby>切<rt>き</rt></ruby>っていきますね。

나　はい。お願<ruby>願<rt>ねが</rt></ruby>いします。

Plus　여행지에서의 이색 체험으로 미용실 방문을 생각해 볼 수 있는데요. 일본 미용실을 이용할 때는 HOT PEPPER Beauty (ホットペッパービューティー)로 가게를 검색해 보세요. 웹사이트와 앱으로 이용 가능합니다. 다만, 미리 예약 후 방문하는 게 기본이니 이 점은 유의하세요. 만일 예약 없이 방문할 때에는 "予約<ruby>予約<rt>よやく</rt></ruby>はしてないんですけど、空<ruby>空<rt>あ</rt></ruby>いてますか(예약은 안 했는데 이용할 수 있을까요?)"라고 물어보세요.

점원 안녕하세요. 예약하셨나요?

나 네. 오늘 오후 2시에 예약한 최입니다.

점원 최님이시군요. 기다리고 있었습니다. 가방이랑 겉옷을 보관해 드릴게요.

나 (겉옷을 벗어서 건넨다.)부탁해요.

점원 이쪽 자리에 앉으세요. 어떤 스타일로 하시겠어요?

나 머리끝이 엄청 상해서 잘라 주셨으면 해요.

점원 10cm 정도 자르게 되는데 괜찮으세요?

나 네, 괜찮아요. 단발로 부탁드려요. 그리고 얼굴 주변은 너무 층을 내지 말아 주세요.

점원 알겠습니다. 그럼 자를게요.

나 네. 부탁해요.

❶ 上着 겉옷

上着는 상의, 특히 겉옷를 가리키는데요. 上着의 경우에는 상대방에게 정중하게 말할 때에도 단어 앞에 お를 붙이지 않는 점이 특이합니다. 이 점 유의하세요.

❷ 顔回り 얼굴 주변

숱이 많아 머리가 답답해 보일 때 '머리가 무겁다'라고도 하죠? 일본어도 그렇습니다. 그래서 숱을 치고 싶을 때는 이렇게 말할 수 있어요. "頭が重たいので、軽くしたいです(머리가 무거우니 가볍게 하고 싶어요)" 참고로 머리숱이 많다는 髪の量が多い라고 합니다.

❸ 段を入れる 층을 내다

층을 내다는 段を入れる라고 합니다. 요즘에는 レイヤーを入れる라고도 하니 참고하세요.

225

🎧 34-2.mp3

헤어 시술 종류

カット	ストレートパーマ	<ruby>縮毛矯正<rt>しゅくもうきょうせい</rt></ruby>
커트	스트레이트파마	축모교정, 매직
		*ストレートパーマ보다 확실하게 곱슬 머리를 펴주는 시술
デジタルパーマ	シースルーバング	サイドバング
디지털 파마	시스루 뱅	사이드 뱅
*줄여서 デジパ라고도 함.		
カラーリング	リタッチ	ブリーチ
염색	뿌리 염색	탈색

머리카락에 관한 일본어

<ruby>前髪<rt>まえがみ</rt></ruby>	<ruby>後ろ髪<rt>うし がみ</rt></ruby>	<ruby>毛先<rt>け さき</rt></ruby>
앞머리	뒷머리	머리끝
ア<ruby>ホ毛<rt>げ</rt></ruby>	つむじ	もみあげ
잔머리	가마	구레나룻
<ruby>脳天<rt>のうてん</rt></ruby>	<ruby>分け目<rt>わ め</rt></ruby>	ボリューム
정수리	가르마	볼륨
<ruby>髪<rt>かみ</rt></ruby>をすく	<ruby>巻<rt>ま</rt></ruby>く	<ruby>くせ毛<rt>げ</rt></ruby>
숱을 치다	말다	곱슬머리
サラサラ	ツヤツヤ	パサパサ
찰랑찰랑	반들반들	푸석푸석

관광지에서 유카타 대여하기

이 문장, 무슨 뜻일까요? ✦

<ruby>税<rt>ぜい</rt></ruby><ruby>込<rt>こ</rt></ruby>みで5,500<ruby>円<rt>えん</rt></ruby>でございます。

이런 말을 할 수 있어요. ✦

카드 쓸 수 있나요?

책을 학습한 뒤,
동영상 강의를 보며
마무리합니다.

  × ×

책 학습하기   mp3 파일 듣기   동영상 강의 보기

1

세금 포함해서 5,500엔입니다.

税込みで5,500円でございます。

▶ 세금이 포함되지 않은 가격을 쓰는 곳도 있어서 "税込みですか(세금 포함인가요?)" 혹은
"税込みでいくらですか(세금 포함해서 얼마예요?)"라고 물어봐야 할 때도 있습니다. 반대말은
税抜き이므로, "この値段は税抜きですか(이 가격은 세금 미포함인가요?)"라고 물어보면 됩
니다.

2

카드 쓸 수 있나요?

カード使えますか。

▶ 아직도 일본에서는 현금만 받는 가게가 많아서 유용하게 쓸 수 있는 표현입니다. 일본 여행 시에
는 카드가 안 되는 곳이 생각보다 많으니 최소한의 현금은 꼭 챙겨 가도록 해요. 또한 점원이 신
용 카드인지 궁금해할 수 있으니 "クレジットカード使えますか(신용 카드 되나요?)"라고
물어보는 것도 좋습니다.

단어

①
さき
先ほど
방금

②
めい さま
~名様
~분

③
はじ
初めて
처음(으로)

④
ベーシック
베이직

⑤
ね だん
値段
가격

⑥
いくら
얼마

⑦
ぜい こ
税込み
세금 포함

⑧
へんきゃく
返却
반환, 반납

🎧 35-1.mp3

#35. 관광지에서 유카타 대여하기

나　先ほど電話で予約したパクです。

점원　お待ちしておりました。2名様ですね。❶当店のご利用は初めてでしょうか。

나　はい。❷初めてです。

점원　ありがとうございます。こちらのプランの中からお選びいただけます。

나　一番❸ベーシックなもので大丈夫です。値段はいくらですか。

점원　税込みで5,500円でございます。

나　カード使えますか。あと、返却は何時までですか。

점원　カードもお使いいただけます。返却時間は17時までとなっております。

Plus 관광지에 가면 유카타나 기모노를 입어 보는 이색 체험을 할 수 있습니다. 유카타는 주로 여름에 입으며 불꽃축제와 같은 축제에서 즐겨 입습니다. 또한 온천욕 후에 입는 등 비교적 캐주얼하게 일상에서 입는 옷이에요. 기모노는 사계절용이 다 있으며, 격식을 차려야 하는 성인식, 결혼식, 다도회 같은 장소에서 입습니다. 고급 소재로 만들기 때문에 유카타보다 가격이 훨씬 비쌉니다. 아직도 일본의 부유층들이 기모노를 많이 입는 만큼 부의 상징이라고도 할 수 있습니다.

나	방금 전화로 예약한 박입니다.
점원	기다리고 있었습니다. 두 분이시죠. 저희 매장 이용은 처음이실까요?
나	네. 처음이에요.
점원	감사합니다. 이쪽의 플랜 중에서 선택하실 수 있습니다.
나	제일 기본적인 걸로 괜찮아요. 가격은 얼마예요?
점원	세금 포함해서 5,500엔입니다.
나	카드 쓸 수 있나요? 그리고 반납은 몇 시까지예요?
점원	카드도 사용하실 수 있습니다. 반납 시간은 오후 5시까지입니다.

❶ 当店 저희 매장

자신이 속해 있는 가게를 가리키는 말입니다. 낮춰서 말할 때는 弊店(へいてん)이라고 합니다. 참고로 자신이 속해 있는 회사를 낮춰서 말할 때는 弊社(へいしゃ)라고 합니다. 비즈니스 상황에서 흔히 사용되는 표현이랍니다.

❷ 初(はじ)めて 처음

はじめて는 한자를 다르게 써서 初(はじ)めて 또는 始(はじ)めて로 나타냅니다. 初(はじ)めて가 '최초'라는 뜻을 지닌 '처음으로'라면, 始(はじ)めて는 '시작'의 의미를 담아서 '처음으로'라고 해석됩니다. 한자에 따라 뉘앙스가 다르니 유의하세요.

❸ ベーシック 베이직(기본적)

이외에 基本(きほん)과 スタンダード도 '기본'을 의미하는 단어로 자주 씁니다.

전통 의상

着物 기모노	羽織 기모노의 겉옷	袴 하카마 *기모노 위에 입는 하의로 주로 졸업식에서 입음
帯 오비(허리띠)	浴衣 유카타	甚平 진베이 *남성과 아동이 주로 여름에 입는 캐주얼한 전통 의상
かんざし 비녀	ヘアセット 헤어스타일링	肌襦袢 전통 의상 안에 입는 속옷
草履 조리, 짚신, 샌들	下駄 게타, 나막신	足袋 버선

단체 관광

待ち合わせ場所 약속 장소	集合時間 집합 시간	見て回る 둘러보다, 구경하며 돌아다니다

관광지 표지판

立入禁止 출입 금지	飲食禁止 음식 금지	土足禁止 신발 (착용) 금지
フラッシュ撮影禁止 플래시 촬영 금지	携帯電話使用禁止 휴대 전화 사용 금지	禁煙 금연
捨てるな 버리지 마	走るな 뛰지 마	触るな 손대지 마

당일치기로 온천 다녀오기

이 문장, 무슨 뜻일까요? ✦

お帰りの際にあちらの機械で
ご精算をお願いいたします。
かえ　　　さい　　　　　　　　き　かい
せい さん　　　ねが

이런 말을 할 수 있어요. ✦

숙박 말고 당일치기 온천만 이용도 가능한가요?

책을 학습한 뒤,
동영상 강의를 보며
마무리합니다.

 × ×

책 학습하기　　　mp3 파일 듣기　　　동영상 강의 보기

문장

1

귀가하실 때에 저쪽 기계에서 정산을 부탁드려요.

お帰りの際にあちらの機械で
ご精算をお願いいたします。

▶ 온천 시설의 내부는 店内가 아닌 館内라고 합니다. 따라서 시설을 이용하기 위한 티켓은 館内利用券(관내 이용권), 온천에서 입는 옷은 館内着(관내 옷)라고 합니다. 관내에서는 로커에 귀중품과 옷을 보관하고, 덮밥 등의 식사를 하거나 무언가를 대여할 때는 リストバンド라는 팔찌로 바코드를 찍습니다. 마지막으로 퇴장할 때 값을 지불하는 精算(정산)의 방식으로 계산하면 됩니다.

2

숙박 말고 당일치기 온천만 이용도 가능한가요?

泊まりではなく日帰りの温泉
だけの利用もできますか。

▶ 泊まり는 일반적으로 '자고 오는 것'을 말합니다. 숙박 시설 이외에 친구 집에서 자고 온다고 할 때에도 "お泊まりに行ってくる(자러 다녀올게)"라고 합니다. 그리고 일본인들은 日帰り温泉(당일치기 온천)을 즐기는데요. 특히 온천마을에 가면 하루에도 2~3군데를 돌고 오곤 합니다.

단어

❶
と
泊まり

숙박

❷
ひ がえ
日帰り

당일치기

❸
おん せん
温泉

온천

❹
き かい
機械

기계

❺
せい さん
精算

정산

❻
じん べい
甚平

진베이

❼
ゆかた
浴衣

유카타

❽
と
取る

잡다, 들다, 쥐다

🎧 36-1.mp3

#36. 당일치기로 온천 다녀오기

나 　ちょっとお伺いしたいんですけど、泊まりではなく
　　日帰りの温泉だけの利用もできますか。

직원 　はい！もちろんご利用いただけます。

나 　そしたら日帰りで利用したいのですが、ここの
　　営業時間は何時までですか。

직원 　温泉は午後10時まで、食堂は午後9時まででございます。
　　お帰りの際にあちらの機械でご精算をお願いいたします。

나 　分かりました。

직원 　❶甚平や ❷浴衣をご利用の場合はあちらからお取りくだ
　　さい。

Plus 온천은 일본 각지에서 즐길 수 있는데요. 특히 따뜻한 남부 지역인 규슈의 유후인, 벳푸, 그리고 쿠로카와 온천마을이 유명합니다. 마을 일대가 온천인 곳이 많아서 일본인들도 온천욕을 즐기기 위해 시간 내서 찾아가는 지역이에요.

나　　잠깐 여쭤보고 싶은데요, 숙박 말고 당일치기 온천만 이용도 가능한가요?

직원　네! 물론 이용하실 수 있으세요.

나　　그러면 당일치기로 이용하고 싶은데요, 여기 영업시간은 몇 시까지예요?

직원　온천은 오후 10시까지, 식당은 오후 9시까지입니다. 귀가하실 때에
　　　저쪽 기계에서 정산을 부탁드려요.

나　　알겠습니다.

직원　진베이나 유카타를 이용하실 경우에는 저쪽에서 가져가세요.

❶ **甚平 진베이**
甚平는 원래 집에서 편하게 입던 일본 전통 의상입니다. 아이들과 남성들이 입는 옷이며, 끈이 없고 상하
의가 구분되어 있는 것이 특징입니다.

❷ **浴衣 유카타**
浴衣는 이름처럼 욕탕에 들어갈 때 노출을 피하려고 입던 옷입니다. 얇고 땀 배출이 좋은 소재로 만들어
져서 원래는 밖에서는 입지 않는 옷이었지만 현대에는 여름에 많이 입습니다.

237

온천 이용

日帰り _{ひがえ} 당일치기	**朝風呂** _{あさぶろ} 아침 목욕
入浴 _{にゅうよく} 입욕	**温泉につかる** _{おんせん} 온천물에 (몸을) 담그다
風呂桶 _{ふろおけ} 목욕 바가지	**湯冷め** _{ゆざ} 목욕 후 한기를 느낌

온천욕 효능

血行がよくなる _{けっこう} 혈액 순환이 좋아지다	**むくみが取れる** _と 부기가 빠지다	**スッキリする** 개운하다, 후련하다
疲れを取る _{つか} _と 피로를 풀다	**くつろぐ** 유유자적하다, 편안히 쉬다	**肌がすべすべになる** _{はだ} 피부가 매끈매끈해지다

감상 표현

まったり 느긋하게, 여유롭게	**のんびり** 한가롭게	**ゆったり** 편하게, 넉넉하게
居心地がいい _{いごこち} (있기에) 편하다	**落ち着く** _お _つ 안정되다	**景色がいい** _{けしき} 경치가 좋다

교통

학습일 :　　월　　일

역에서 역무원에게 목적지까지
어떻게 가는지 물어보기

이 문장, 무슨 뜻일까요? ✦

<ruby>中<rt>ちゅう</rt></ruby><ruby>央<rt>おう</rt></ruby><ruby>線<rt>せん</rt></ruby>の<ruby>快<rt>かい</rt></ruby><ruby>速<rt>そく</rt></ruby><ruby>電<rt>でん</rt></ruby><ruby>車<rt>しゃ</rt></ruby>に<ruby>乗<rt>の</rt></ruby>って、
中央線の快速電車に乗って、
神田駅まで行ってください。

이런 말을 할 수 있어요. ✦

신주쿠에서라면 몇 분 정도로 갈 수 있나요?

책을 학습한 뒤,
동영상 강의를 보며
마무리합니다.

 ✕ ✕

책 학습하기　　　mp3 파일 듣기　　동영상 강의 보기

워밍업 | 문장·단어 먼저 익히기

문장

1

츄오선의 쾌속 전철을 타고 칸다역까지 가세요.

<ruby>中央線<rt>ちゅうおうせん</rt></ruby>の<ruby>快速<rt>かいそくでんしゃ</rt></ruby>電車に<ruby>乗<rt>の</rt></ruby>って、
<ruby>神田駅<rt>かんだえき</rt></ruby>まで<ruby>行<rt>い</rt></ruby>ってください。

中央線の快速電車に乗って、
神田駅まで行ってください。

▶ 일본은 같은 노선이지만 주요 역에만 멈추는 전철, 각 역마다 멈추는 전철 등 다양한 전철이 있습니다. 빠른 속도부터 나열하자면 特急(특급)>急行(급행)>快速(쾌속)>準急(준급)>普通(보통)로 분류할 수 있어요. 여기서 '보통'이 각 역마다 멈추는 전철입니다. 나머지는 정거장을 그냥 통과하기도 하므로 주의가 필요합니다. 구글 맵이나 일본 전철 앱을 이용하면 목적지에 도착하기 위한 노선을 자세히 알려 주니 여행 시 꼭 사용하도록 해요!

2

신주쿠에서라면 몇 분 정도로 갈 수 있나요?

新宿からだと何分ぐらいで行けますか。

▶ 옛날에는 '~정도'라는 뜻인 くらい와 ぐらい를 구분해서 썼지만 요즘에는 어떤 것을 써도 상관없어요. 하지만 この・その・あの・どの는 くらい만 사용해요.

242

단어

①

まず

우선, 일단

②

ばん せん
~番線

~번선

③

ちゅう おう せん
中央線

츄오선

④

かい そく
快速

쾌속

⑤

お
降りる

내리다

⑥

なん ぷん
何分

몇 분

⑦

くらい/ぐらい

정도

⑧

だい たい
大体

대체로, 대략

243

🎧 37-1.mp3

#37. 역에서 역무원에게 목적지까지 어떻게 가는지 물어보기

나　すみません。浅草駅まで行きたいんですけど、どうやって行けばいいですか。

역무원　まず❶向かい側の８番線から中央線の快速電車に乗って、神田駅まで行ってください。❷オレンジ色が中央線です。

나　はい。

역무원　そして、神田駅で降りたら、浅草行きの銀座線があるので、それに乗ると着きます。これもオレンジ色です。

나　ありがとうございます。新宿からだと何分ぐらいで行けますか。

역무원　❸そうですね。大体 20～30分くらいですね。

나　ありがとうございます。

Plus 일본의 전철은 노선마다 회사가 다르기 때문에 타는 방법이 조금 어렵습니다. 특히 환승해야 하는 경우 표를 사거나 중간에 정산을 해야 하기도 해서 어려우므로 관광 시에는 1일권이나 교통 IC카드(스이카 또는 파스모)를 구입하는 것이 좋습니다. 역무원이나 緑の窓口라는 곳에 물어보면 안내를 받을 수 있습니다.

나   실례합니다. 아사쿠사역까지 가고 싶은데요, 어떻게 가면 되나요?

역무원   우선 맞은편의 8번선에서 츄오선의 쾌속 전철을 타고 칸다역까지 가세요.
        오렌지색이 츄오선이에요.

나   네.

역무원   그리고 칸다역에서 내리면 아사쿠사행의 긴자선이 있으니 그걸 타면
        도착합니다. 이것도 오렌지색입니다.

나   감사합니다. 신주쿠에서라면 몇 분 정도로 갈 수 있나요?

역무원   글쎄요. 대체로 20~30분 정도예요.

나   감사합니다.

❶ 向かい側 맞은편, 건너편
向かう는 '향하다'라는 뜻입니다. 따라서 向かい側라고 하면 '맞은편, 건너편'으로 해석해요.

❷ オレンジ色 오렌지색
우리나라는 지하철 노선을 '2호선'과 같이 숫자로 나타내는데, 일본에서는 각 노선마다 이름을 붙여서 부릅니다. 이름이 기억이 안 나거나 외워지지 않을 때는 색으로 구분해서 말해도 통하니, 자신이 타는 전철의 색을 외우는 것도 추천해요. 도쿄의 대표적인 노선인 야마노테선은 녹색, 도쿄메트로 긴자선은 오렌지색, 마루노우치선은 빨간색, 유라쿠초선은 노란색입니다.

❸ そうですね 글쎄요
일반적으로 そうですね는 '그렇군요', '그렇죠'라고 해석하지만, 억양을 낮춰서 고심하는 느낌으로 말한다면 '글쎄요'라는 뜻이 됩니다.

🎧 37-2.mp3

전철 종류

特急とっきゅう	急行きゅうこう	快速かいそく
특급	급행	쾌속
準急じゅんきゅう	普通ふつう	通勤快速つうきんかいそく
준급	보통	통근 쾌속

전철 관련 단어

窓口まどぐち	駅員えきいん	改札口かいさつぐち
창구	역무원	개찰구
乗車じょうしゃ	乗り換えのりか	下車げしゃ
승차	환승, 갈아탐	하차
始発しはつ	終電しゅうでん	路線図ろせんず
첫차	막차	노선도
反対方向はんたいほうこう	緊急停車きんきゅうていしゃ	人身事故じんしんじこ
반대 방향	긴급 정차	인명 사고
つり革かわ	手すりて	荷棚にだな
(위에 달린) 손잡이	(계단이나 에스컬레이터에 있는) 난간	(짐을 올려 놓는) 선반

전철 이용 시 행동

席を譲るせきゆず	道に迷うみちまよ
자리를 양보하다	길을 잃다, 헤매다
乗り越すのこ	寝過ごすねす
(실수로 목적지를) 지나치다	(자다가 목적지를) 지나치다

Scene #38

버스에서 목적지로 가는지
확인하고 교통카드 충전하기

이 문장, 무슨 뜻일까요? ✦

しぶ や えき ひがしぐち ゆ
渋谷駅東口行きです。

이런 말을 할 수 있어요. ✦

죄송해요. 1,000엔 충전으로요.

책을 학습한 뒤,
동영상 강의를 보며
마무리합니다.

 책 학습하기 × mp3 파일 듣기 × 동영상 강의 보기

워밍업 문장·단어 먼저 익히기

1

시부야역 동쪽 출구행입니다.

しぶ や えき ひがし ぐち ゆ
渋谷駅東口行きです。

▶ 行きは 평상시에는 いき라고 읽지만 '~행'이라고 할 때는 ゆき라고 읽습니다. 이외에도 시나
  노래에서 行く를 ゆく라고 하는 경우도 있으니 주의하세요.

2

죄송해요. 1,000엔 충전으로요.

えん
すみません。1,000円チャージで。

▶ 교통카드에 현금을 충전하는 경우 充電이라 하지 않고 チャージ라고 합니다. 왜냐하면 일본에
  じゅうでん
  서 充電은 말 그대로 전기를 충전하는 것을 의미하기 때문이에요.

248

단어

①

<ruby>東口<rt>ひがしぐち</rt></ruby>

동쪽 출구

②

<ruby>~行き<rt>ゆ</rt></ruby>

~행

③

チャージ

충전

④

<ruby>置く<rt>お</rt></ruby>

두다

⑤

<ruby>大人<rt>おとな</rt></ruby>

어른

⑥

タッチする

터치하다

⑦

<ruby>運賃<rt>うんちん</rt></ruby>

운임

⑧

<ruby>払う<rt>はら</rt></ruby>

지불하다

#38. 버스에서 목적지로 가는지 확인하고 교통카드 충전하기

운전사 　渋谷駅東口行きです。

　　　　（バス到着）

나 　　あの、表参道まで行きますか。

운전사 　はい。行きますよ。

나 　　すみません。1,000円チャージで。

운전사 　❶Suicaをこの上に置いてください。それからお金を
　　　　入れてください。（チャージする。）

나 　　❷大人二人でお願いします。

운전사 　はい。もう一度タッチしてください。（運賃を払う。）

나 　　（❸ピッ）

운전사 　ありがとうございます。

Plus 　일본의 버스는 지역마다 승차하는 문의 위치와 요금 지불 방법이 다릅니다. 뒷문으로 승차하는 경우, 버스
요금은 내릴 때 냅니다. 수도권에서는 주로 앞문으로 승차하며, 버스 요금은 승차할 때 냅니다.

운전사   시부야역 동쪽 출구행입니다.

       (버스 도착)

나   저기, 오모테산도까지 가나요?

운전사   네. 갑니다.

나   죄송해요. 1,000엔 충전으로요.

운전사   스이카를 이 위에 놓으세요. 그리고 나서 돈을 넣어 주세요.
       (충전한다.)

나   어른 두 명으로 부탁해요.

운전사   네. 다시 한 번 터치해 주세요. (운임을 지불한다.)

나   (삐)

운전사   감사합니다.

❶ **Suica 스이카(교통카드)**
일본의 대표적인 교통카드로는 Suica와 PASMO가 있습니다. 버스 내에서 충전이 가능합니다.

❷ **大人二人でお願いします 어른 두 명으로 부탁해요**
추가로 일행의 돈을 내고 싶을 때는 "大人～人お願いします(어른 ～명으로 부탁해요)" 또는 "子供
～人でお願いします(아이 ～명으로 부탁해요)"라고 하면 됩니다.

❸ **ピッ 삐**
한 번 터치하는 소리는 ピッ, 두 번 터치하는 소리는 ピピッ으로 나타냅니다.

버스 관련

市営バス しえい 시영 버스 *지자체에서 운영하는 버스	深夜バス しんや 심야 버스	リムジンバス 리무진 버스
時刻表 じこくひょう 시간표	停留所/バス停 ていりゅうじょ / てい 정류장	乗り場 の ば 타는 곳
終バス しゅう 막차 버스	残額 ざんがく 잔액	不足 ふ そく 부족

교통 관련

信号 しんごう 신호(등)	交差点 こう さ てん 교차로	歩道橋 ほ どうきょう 육교
横断歩道 おうだん ほ どう 횡단보도	歩行者 ほ こうしゃ 보행자	通行人 つうこうにん 통행인

도로 표지판

一方通行 いっぽうつうこう 일방통행	通行止め つうこう ど 통행금지	優先道路 ゆうせんどう ろ 우선 도로
駐車禁止 ちゅうしゃきん し 주차 금지	徐行 じょこう 서행	停止線 てい し せん 정지선
進入禁止 しんにゅうきん し 진입 금지	横断禁止 おうだんきん し 횡단 금지	Uターン禁止 きん し 유턴 금지

택시에서 목적지까지
빨리 가 달라고 부탁하기

이 문장, 무슨 뜻일까요? ✦

レシート要<ruby>り<rt>い</rt></ruby>ますか。

이런 말을 할 수 있어요. ✦

최대한 서둘러 주시겠어요?

문장

1

영수증 필요하세요?

レシート要りますか。

▶ 要りますかは 계산할 때 자주 들을 수 있는 말입니다. 영수증, 봉투 등이 필요하지 않은지 점원이 물어보는 표현이에요. 필요하다면 "はい、お願いします(네, 부탁드립니다)", 필요 없다면 "いいえ、大丈夫です(아니요, 괜찮아요)"라고 대답하면 된답니다.

2

최대한 서둘러 주시겠어요?

できるだけ急いで
もらってもいいですか。

▶ できるだけ와 바꿔 쓸 수 있는 다른 표현으로는 '가능한 빨리'란 뜻의 なるべく早く가 있습니다. 줄여서 なるはや라고도 해요.

단어

①

かかる

걸리다

②

混^こみ具^ぐ合^{あい}

혼잡한 상태

③

遅^{おく}れる

늦다

④

できるだけ

되도록, 가능한 한, 최대한

⑤

急^{いそ}ぐ

서두르다

⑥

走^{そう}行^{こう}

주행

⑦

信^{しん}号^{ごう}の先^{さき}

신호 앞

⑧

降^おろす

내리다, 내려놓다

#39. 택시에서 목적지까지 빨리 가 달라고 부탁하기

나　こんにちは。お願_{ねが}いします。

운전사　どちらまでですか。

나　ディズニーランドまでお願_{ねが}いします。どのくらいかかりますか。

운전사　道_{みち}の❶混_こみ❷具合_{ぐあい}にもよりますけど、30分_{ぷん}はかかりますね。

나　すみません。友達_{ともだち}と約束_{やくそく}の時間_{じかん}に遅_{おく}れそうなので、できるだけ急_{いそ}いでもらってもいいですか。

운전사　かしこまりました。

（走行中_{そうこうちゅう}）

나　あ、すみません。そこの信号_{しんごう}の❸先_{さき}で降_おろしてください。

운전사　かしこまりました。3,400円_{えん}です。レシート要_いりますか。

나　大丈夫_{だいじょうぶ}です。

Plus　空車_{くうしゃ}(빈차)라고 적힌 택시를 잡으면 되는데요. 일본의 택시는 기본적으로 자동문입니다. 타거나 내릴 때, 문손잡이를 잡으려고 하면 다칠 수도 있어서 택시 운전사가 저지하는 경우가 많습니다. 택시를 잡았으면 문이 열릴 때까지 기다립시다.

나　안녕하세요. 부탁드립니다.

운전사　어디까지시죠?

나　디즈니랜드까지 부탁드려요. 얼마나 걸릴까요?

운전사　길이 막히는 정도에 따라서도 다르지만요, 30분은 걸리죠.

나　죄송해요. 친구와 약속 시간에 늦을 것 같은데, 최대한 서둘러 주시겠
　　어요?

운전사　알겠습니다.

　　(주행 중)

나　아, 죄송해요. 거기 신호 앞에서 내려 주세요.

운전사　알겠습니다. 3,400엔입니다. 영수증 필요하세요?

나　괜찮습니다.

표현

❶ **混み 혼잡**
　　混む(붐비다)는 사람이 많아서 혼잡한 경우 말고도 차가 막혀서 혼잡할 때도 쓰입니다.

❷ **具合 상황, 상태**
　　具合는 어떤 상황이나 형편뿐만 아니라 몸 상태를 말할 때도 쓰입니다.

❸ **先き 앞, 끝**
　　"이 앞에서 내려 주세요"라고 말하고 싶을 때는 "この先で降ろしてください"라고 하면 됩니다.

257

단어 빅데이터

🎧 39-2.mp3

택시 전광판

空車 くうしゃ 빈차	割増 わりまし 할증	賃走 ちんそう 주행 중 *実車라고도 함.
迎車 げいしゃ 콜을 받고 승객을 태우러 가는 중	回送 かいそう 회송(회사로 돌아가는 중)	救援 きゅうえん 위급 환자 옮기는 중

차 내부

助手席 じょしゅせき 조수석	後部座席 こうぶざせき 뒷좌석	トランク 트렁크
シートベルト(をしめる) 안전벨트(를 매다)	クラクション 경적	メーター 미터

길 안내

まっすぐ 곧장, 똑바로, 쭉	右折 うせつ 우회전	左折 させつ 좌회전
次の信号 つぎ　しんごう 다음 신호	道なり みち 길이 뻗어 있는 방향	曲がる ま 돌다, 꺾다
角 かど 모퉁이	目的地付近 もくてきちふきん 목적지 부근	停める と 정차하다, 멈추다

기타

タクシー乗り場 の　ば 택시 승차장	タクシー代 だい 택시비	交通渋滞 こうつうじゅうたい 교통 정체

지하철 유실물 센터에 선글라스 분실 신고하기

이 문장, 무슨 뜻일까요? ✦⁺

どの辺^{へん}にお客様^{きゃくさま}が乗^のったとか
車両^{しゃりょう}を覚^{おぼ}えていますか。

이런 말을 할 수 있어요. ✦⁺

전철 안에 선글라스를 두고 내려서요.

책을 학습한 뒤,
동영상 강의를 보며
마무리합니다.

 ✕ ✕

책 학습하기　　　mp3 파일 듣기　　동영상 강의 보기

문장

1

어디쯤에 고객님이 탔다든지 차량을 기억하세요?

どの辺^{へん}にお客様^{きゃく さま}が乗^のったとか
車両^{しゃ りょう}を覚^{おぼ}えていますか。

▶ 辺의 한자는 辺り처럼 한자 뒤에 히라가나가 오면 あたり라고 읽고 辺만 있으면 へん이라고 읽지만 뜻은 같으며, 둘 다 자주 사용됩니다.

2

전철 안에서 선글라스를 두고 내려서요.

電車^{でん しゃ}の中^{なか}にサングラスを
忘^{わす}れてしまいまして…。

▶ 忘^{わす}れる는 어딘가에 놔두고 가져오는 것을 깜빡하여 잃어버린 상태를 말합니다. 비슷한 표현으로 無^なくす가 있습니다. 無^なくす는 언제, 어디서 물건이 없어졌는지 모르겠지만 잃어버렸다는 것을 뜻합니다.

단어

1

わす
忘れる

잃다, 잊다

2

の
乗る

타다

3

じ かん たい
時間帯

시간대

4

くわ
詳しい

상세하다

5

へん
どの辺

어디쯤, 어디 부근

6

しゃ りょう
車両

차량(열차칸)

7

おぼ
覚える

기억하다, 외우다

8

とど
届く

도착하다

#40. 지하철 유실물 센터에 선글라스 분실 신고하기

나 すみません。電車の中にサングラスを忘れてしまいま
して…。

역무원 どこから何行きの電車に乗りましたか。

나 四ツ谷駅から ❶東京行きです。

역무원 何時に乗りましたか。

나 午前の時間帯なんですけど、❷詳しい時間は分からない
です。

역무원 どの辺にお客様が乗ったとか ❸車両を覚えていますか。

나 車両は覚えてないんですけど、前の方に乗りました。

역무원 こちらに届いたら連絡します。この用紙に電話番号と
お名前をお願いします。

나 ありがとうございます。

Plus 전철에서 물건을 잃어버렸을 경우, 분실물 센터에 가서 신고를 해 두는 것이 기본입니다. 단, 분실물 센터
는 모든 역에 있는 것이 아니라 몇 군데가 정해져 있으며, 물건을 찾으러 몇십 분을 가야 될 수도 있으니
주의하세요. 일정 시간이 지나면 인근 경찰서로 물건을 보내니, 가능하면 빨리 신고를 하는 게 좋습니다.

나　　실례합니다. 전철 안에 선글라스를 두고 내려서요.

역무원　어디서 어디행 전철을 탔나요?

나　　요츠야역에서 도쿄역행이에요.

역무원　몇 시에 탔어요?

나　　오전 시간대인데요, 자세한 시간은 모르겠어요.

역무원　어디쯤에 고객님이 탔다든지 차량을 기억하세요?

나　　차량은 기억나지 않지만, 앞쪽에 탔습니다.

역무원　이쪽으로 오면 연락할게요. 이 용지에 전화번호랑 성함을 부탁드립니다.

나　　감사합니다.

표현

❶ **東京行き 도쿄역행**
도쿄역행이라고 말할 때 보통 '역'을 생략해서 東京行き라고 합니다. 마찬가지로 우에노역행이라면 회
화에서는 上野行き라고 말하곤 해요.

❷ **詳しい時間は分からないです 자세한 시간은 모르겠어요**
정확한 시간을 알고 있다면 이렇게 말해 보세요. "16時5分に～駅から乗りました(오후 4시 5분에
～역에서 탔어요.)"

❸ **車両 차량(열차칸)**
전철의 차량 번호는 ～号車, 몇 번째 문인지는 ～番ドア로 표시합니다. 보통 출입문의 눈높이 정도에
붙어 있거나, 차량 사이를 지나는 문 위쪽에 적혀 있습니다. 본인이 어떤 차량을 타고 있는지 알고 싶다면
확인해 보세요.

263

🎧 40-2.mp3

자주 분실하는 물건들

財布 지갑	**傘** 우산	**折りたたみ傘** 접이식 우산
カードケース 카드 지갑	**電子たばこ** 전자 담배	**書類** 서류
イヤホン 이어폰	**ノートパソコン** 노트북	**アイパッド** 아이패드
ゲーム機 게임기	**切符** 표, 티켓	**クレジットカード** 신용 카드
腕時計 손목시계	**コンタクトレンズ** 콘택트렌즈	**メガネ** 안경
ネックレス 목걸이	**ピアス** 피어스, 귀걸이	**指輪** 반지
手袋 장갑	**マフラー** 머플러, 목도리	**手帳** 수첩
手さげ袋 손가방	**帽子** 모자	**スーツケース** 캐리어 *キャーリケース 또는 キャリーバッグ라고도 함.

마치 일본에 있는 것처럼! 가장 쉽게 시작하는 현실 회화!

유하다요의

10시간
현지
일본어

패턴집

전유하(유하다요) 지음

짧은 시간 동안 회화 실력을 끌어올릴 수 있는 패턴 20개와 예문을 담은 별책입니다.
현지에서 활용 시, 빠르게 읽을 수 있도록 한글 발음을 달았습니다.

길벗
이지:톡

마치 일본에 있는 것처럼! 가장 쉽게 시작하는 현실 회화!

유하다요의

10시간
현지
일본어

패턴집

전유하(유하다요) 지음

길벗
이지:톡

차례

패턴연습 20개 패턴에 단어만 바꾸면 현지에서 필요한 거의 모든 문장을 말할 수 있어요!

어떤 상황에서도 힘이 되는

만능 패턴 20

How to use

패턴집은 여행자가 가장 자주 쓰는 패턴 20개를 활용한 예문을 담았습니다. 학습자의 레벨에 따라 두 가지 방법으로 활용하세요. 먼저 회화에 약한 분이라면, 본책 학습 전에 익혀두면 수월하게 학습할 수 있습니다. 어느정도 회화에 익숙한 분이라면 미리 학습하지 않아도 괜찮습니다. 현지에서 자주 사용할 수 있는 표현만 엄선해 두었으니, 여행 직전에 열어 보고 사용할 표현을 체크해 두세요. 또는 도서 복습용으로 활용하세요.

🎧 P-01.mp3

_____ 주세요

_____ ください

주문할 때나 부탁, 요청할 때 쓸 수 있는 간단한 표현입니다.
ください 바로 앞에 원하는 단어를 넣으면 문장이 완성되며,
「~てください(~해 주세요)」의 형태로도 자주 씁니다.

お^{みず}水ください。
[오미즈 쿠다사이]
물 주세요.

これ一^{ひと}つください。
[코레 히또쯔 쿠다사이]
이거 하나 주세요.

タクシーを呼^よんでください。
[타쿠시 – 오 욘데 쿠다사이]
택시를 불러 주세요.

Wi-Fiのパスワードを教^{おし}えてください。
[와이화이노 파스와 – 도오 오시에떼 쿠다사이]
와이파이 비밀번호를 가르쳐 주세요.

단어 **お水** 물 ｜ **これ** 이것 ｜ **一つ** 하나 ｜ **タクシー** 택시 ｜ **呼ぶ** 부르다 ｜ **教える** 가르치다

紙袋に入れてください。

[카미부꾸로니 이레떼 쿠다사이]

송이백에 넣어 주세요.

紙袋をもう一枚ください。

[카미부꾸로오 모– 이찌마이 쿠다사이]

종이백을 하나 더 주세요.

これと同じものをください。

[코레또 오나지 모노오 쿠다사이]

이거랑 같은 걸 주세요.

道を教えてください。

[미찌오 오시에떼 쿠다사이]

길을 가르쳐 주세요.

新宿駅まで行ってください。

[신쥬쿠에끼마데 잇떼 쿠다사이]

신주쿠역까지 가 주세요.

この先で降ろしてください。

[코노 사끼데 오로시떼 쿠다사이]

이 앞에서 내려 주세요.

단어　紙袋 종이봉투, 종이백 ┃ 入れる 넣다 ┃ もう一枚 한 장 더 ┃ 同じもの 같은 것 ┃ 道 길 ┃ 新宿 신주쿠 ┃
駅 역 ┃ まで 까지 ┃ 行く 가다 ┃ この 이 ┃ 先 앞, 전방 ┃ 降ろす 내리다

5

_____ 부탁해요

お^{ねが}願いします

앞에서 배운 ください보다 상냥한 느낌이라 네이티브가 더 선호하는 표현입니다.
お願いします 바로 앞에 원하는 단어를 넣으면 문장이 완성되며,
「~でお願いします(~로 부탁해요)」의 형태로도 자주 씁니다.

氷なしでお願いします。　　　　　　　얼음 없이 부탁해요.
[코-리 나시데 오네가이시마스]

持ち帰りでお願いします。　　　　　테이크아웃으로 부탁해요.
[모찌까에리데 오네가이시마스]

メニューお願いします。　　　　　　　메뉴판 부탁해요.
[메뉴- 오네가이시마스]

お冷お願いします。　　　　　　　　　찬물 부탁해요.
[오히야 오네가이시마스]

단어 氷 얼음 | なし 없음 | で (으)로, 에서 | 持ち帰り 테이크아웃, 포장 | メニュー 메뉴 | お冷 찬물, 냉수

レシートお願いします。　　　　　　　영수증 부탁해요.

[레시-또 오네가이시마스]

チェックインお願いします。　　　　　체크인 부탁해요.

[첵꾸인 오네가이시마스]

眺めの良い部屋でお願いします。　전망 좋은 방으로 부탁해요.

[나가메노 이- 헤야데 오네가이시마스]

大人二人でお願いします。　　　　　어른 두 명으로 부탁해요.

[오또나 후따리데 오네가이시마스]

東京タワーまでお願いします。　　도쿄타워까지 부탁해요.

[토-꾜- 타와-마데 오네가이시마스]

一番早いのでお願いします。　　　가장 빠른 걸로 부탁해요.

[이찌방 하야이노데 오네가이시마스]

단어　レシート 영수증 | チェックイン 체크인 | 眺め 전망, 조망 | 良い 좋다 | 部屋 방 | 大人 어른 |
二人 두 사람 | 東京タワー 도쿄타워 | まで 까지 | 一番 가장, 제일 | 早い 빠르다 | の 것

7

_____ (으)로(요)

_____ で

앞에서 「~でお願^{ねが}いします(~로 부탁해요)」를 연습해 보았는데요,
이때 뒷부분을 생략하고 「~で」만으로도 부탁을 할 수 있습니다.
다만 말이 짧아진 만큼 상냥한 느낌은 줄어드니 어투에 주의하세요.

私^{わたし}はアイスコーヒーで。　　　　　　　나는 아이스커피로(요).
[와따시와 아이스 코-히-데]

一番^{いちばん}おすすめので。　　　　　　　　제일 추천하는 걸로(요).
[이찌방 오스스메노데]

ご飯^{はん}は大盛^{おおもり}で。　　　　　　　　　밥은 곱빼기로(요).
[고항와 오-모리데]

とりあえず生^{なま}で。　　　　　　　　　우선 생맥으로(요).
[토리아에즈 나마데]

단어　**アイスコーヒー** 아이스커피 ｜ **一番** 가장, 제일 ｜ **おすすめ** 추천 ｜ **ご飯** 밥 ｜ **大盛** 곱빼기 ｜
とりあえず 우선, 일단 ｜ **生** 생맥, 生ビール(생맥주)의 줄임말

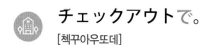
チェックアウトで。　　　　　　　　　　　체크아웃(이요).
[첵꾸아우또데]

はじめに見^みせてもらった色^{いろ}で。　　처음에 보여 주신 색으로(요).
[하지메니 미세떼 모랏따 이로데]

一^{ひと}つはプレゼント用^{よう}で。　　　　하나는 선물용으로(요).
[히또쯔와 프레젠또요 – 데]

大人^{おとな}3枚^{まい}と、学生^{がくせい}2枚^{まい}で。　　어른 3장이랑 학생 2장으로(요).
[오또나 삼마이또 각세– 니마이데]

出発^{しゅっぱつ}の時間^{じかん}が一番早^{いちばんはや}いので。　출발 시간이 가장 빠른 걸로(요).
[숲빠쯔노 지깡가 이찌방 하야이노데]

もし、窓側^{まどがわ}の席^{せき}があったらそれで。
[모시 마도가와노 세끼가 앗따라 소레데]
　　　　　　　　　　　　혹시 창가 자리가 있으면 그걸로(요).

단어　はじめ 처음 ｜ 見せる 보이다 ｜ 色 색 ｜ プレゼント 선물 ｜ 大人 어른 ｜ ~枚 ~장 ｜ 学生 학생 ｜
出発 출발 ｜ 時間 시간 ｜ もし 만일, 혹시 ｜ 窓側 창가 ｜ 席 자리

P-04.mp3

_____ 할 수 있나요?

_____ できますか

가능 여부를 물어볼 때 간편하게 쓸 수 있는 표현입니다.
'〜할 수 없나요?'라고 물어보고 싶을 때는 뒤만 살짝 바꿔서 でき**ません**か라고 말하면 됩니다.

すみません。注文を変えることはできますか。
[스미마셍 츄-몽오 카에루 코또와 데끼마스까]　　　죄송해요. 주문을 바꿀 수 있나요?

これ、甘さ控え目でお願いできますか。
[코레 아마사 히까에메데 오네가이 데끼마스까]　　　이거 덜 달게 부탁할 수 있나요?

お会計だけ先にできますか。　　　계산만 먼저 할 수 있나요?
[오까이께-다께 사끼니 데끼마스까]

個別会計はできますか。　　　각자 계산할 수 있나요?
[코베쯔까이께-와 데끼마스까]

단어　注文 주문 ｜ 変える 바꾸다, 변경하다 ｜ これ 이것 ｜ 甘さ 당도, 당분 ｜ 控え目 자제함 ｜ お願い 부탁 ｜
お会計 계산 ｜ だけ 만 ｜ 先に 먼저 ｜ 個別会計 개별 계산, 각자 계산

10

早めにチェックインできますか。 조금 일찍 체크인할 수 있나요?
[하야메니 첵꾸인 데끼마스까]

朝食を部屋でいただくことはできますか。
[쵸-쇼꾸오 헤야데 이따다꾸 코또와 데끼마스까]　　조식을 방에서 받을 수 있나요?

返品はできますか。　　　　　　　　　반품은 할 수 있나요?
[헴삥와 데끼마스까]

試着できますか。　　　　　　　　　　입어 볼 수 있나요?
[시챠꾸 데끼마스까]

荷物を預かってもらうことはできますか。
[니모쯔오 아즈깟떼 모라우 코또와 데끼마스까]　　짐을 맡아 줄 수 있나요?

どこで乗り換えできますか。　　어디에서 환승할 수 있나요?
[도꼬데 노리까에 데끼마스까]

단어　早め 정해진 시간보다 조금 이름, 일찍 ｜ チェックイン 체크인 ｜ 朝食 조식 ｜ 部屋 방 ｜ いただく 받다 ｜
返品 반품 ｜ 試着 시착, 입어 봄 ｜ 荷物 짐 ｜ 預かる 맡다, 보관하다 ｜ どこで 어디에서 ｜ 乗り換え 환승,
갈아탐

11

🎧 P-05.mp3

_____ 해도 될까요?

____ てもいいですか

직역하면 '~해도 좋을까요?'라는 의미입니다. 허가나 동의를 구할 때 쓸 수 있습니다.
회화에서는 も를 생략하여 ていいですか의 형태로도 자주 씁니다.

ここ、座ってもいいですか。   여기, 앉아도 될까요?
[코꼬 스왓떼모 이-데스까]

カードでもいいですか。   카드여도 될까요?
[카-도데모 이-데스까]

残り、持ち帰ってもいいですか。   남은 거, 가져가도 될까요?
[노꼬리 모찌까엣떼모 이-데스까]

ジム使ってもいいですか。   헬스장 써도 될까요?
[지무 츠깟떼모 이-데스까]

단어 ここ 여기 | 座る 앉다 | カード 카드 | 残り 남은 것 | 持ち帰る 가지고 돌아가(오)다 | ジム 헬스장 |
使う 쓰다, 사용하다

へ や　そう じ　　　ねが
部屋の掃除をお願いしてもいいですか。

[헤야노 소-지오 오네가이시떼모 이-데스까]　　　　　　방 청소를 부탁해도 될까요?

し ちゃく
試着してもいいですか。　　　　　　　　　　　　입어 봐도 될까요?

[시챠꾸시떼모 이-데스까]

の　もの　　なか　も　　　い
飲み物、中に持って行ってもいいですか。

[노미모노 나까니 못떼 잇떼모 이-데스까]　　　　음료, 안에 들고 가도 될까요?

しゃしん　　と
写真を撮ってもいいですか。　　　　　　　　사진을 찍어도 될까요?

[샤싱오 톳떼모 이-데스까]

ひと　うかが
すみません、一つ伺ってもいいですか。

[스미마셍 히또쯔 우까갓떼모 이-데스까]　　　　저기요, 하나 여쭤봐도 될까요?

お
ここで降りてもいいですか。　　　　　　　여기에서 내려도 될까요?

[코꼬데 오리떼모 이-데스까]

단어　部屋 방 ┆ 掃除 청소 ┆ **お願いする** 부탁드리다 ┆ **試着する** 시착하다, 입어 보다 ┆ **飲み物** 음료, 마실 것 ┆
中 안, 속 ┆ **持って行く** 가지고 가다 ┆ 写真 사진 ┆ **撮る** (사진을) 찍다 ┆ **伺う** 여쭙다, 찾아뵙다 ┆ **ここ**
여기 ┆ **降りる** 내리다

🎧 P-06.mp3

_____ 해도 괜찮나요?

_____ ても大丈夫ですか

앞에서 배운 「～てもいいですか(～해도 될까요?)」와 의미와 뉘앙스가 비슷해서
바꿔 쓸 수 있는 표현입니다. 회화에서 정말 자주 쓰는 표현 중 하나입니다.

注文を変えても大丈夫ですか。 　　주문을 바꿔도 괜찮나요?
[츄-몽오 카에떼모 다이죠-부데스까]

先に店内で待っても大丈夫ですか。
[사끼니 텐나이데 맛떼떼모 다이죠-부데스까]
　　　　　　먼저 가게 안에서 기다리고 있어도 괜찮나요?

予約なしでも大丈夫ですか。 　　예약 없이도 괜찮나요?
[요야꾸나시데모 다이죠-부데스까]

荷物を預けても大丈夫ですか。 　　짐을 맡겨도 괜찮나요?
[니모쯔오 아즈께떼모 다이죠-부데스까]

단어　注文 주문 | 変える 바꾸다 | 先に 먼저 | 店内 점내, 가게 안 | 待つ 기다리다 | 予約 예약 | なし 없음 |
荷物 짐 | 預ける 맡기다

傘を借りても大丈夫ですか。

[카사오 카리떼모 다이죠-부데스까]

우산을 빌려도 괜찮나요?

これは常温で保管しても大丈夫ですか。

[코레와 죠-온데 호깐시떼모 다이죠-부데스까]　이것은 상온에서 보관해도 괜찮나요?

英語でも大丈夫ですか。

[에-고데모 다이죠-부데스까]

영어로 (말해)도 괜찮나요?

ここで動画を撮っても大丈夫ですか。

[코꼬데 도-가오 톳떼모 다이죠-부데스까]　여기에서 (동)영상을 찍어도 괜찮나요?

帰りのタクシーもお願いしても大丈夫ですか。

[카에리노 타꾸시-모 오네가이시떼모 다이죠-부데스까]

돌아가는 길 택시도 부탁해도 괜찮나요?

乗り換えなくても大丈夫ですか。

[노리까에나꾸떼모 다이죠-부데스까]

안 갈아타도 괜찮나요?

단어　傘 우산 ┊ 借りる 빌리다 ┊ 常温 상온 ┊ 保管 보관 ┊ 英語 영어 ┊ 動画 동영상 ┊ 撮る (사진을) 찍다 ┊
帰り 돌아(옴)감 ┊ タクシー 택시 ┊ お願いする 부탁하다 ┊ 乗り換える 환승하다, 갈아타다

15

🎧 P-07.mp3

_____ (은/는) 있나요?

_____ (は)ありますか

무언가를 찾을 때 쓸 수 있는 표현입니다.
회화에서는 は(~은/는)를 곧잘 생략하고 말하고 싶은 단어 뒤에 바로 ありますか를 붙입니다.

カフェインゼロの飲み物（の）（もの）ありますか。 디카페인 음료 있나요?
[카훼인제로노 노미모노 아리마스까]

コンセントありますか。 콘센트 있나요?
[콘센또 아리마스까]

おすすめありますか。 추천 메뉴 있나요?
[오스스메 아리마스까]

韓国語（かんこくご）のメニューありますか。 한국어 메뉴판 있나요?
[캉꼬꾸고노 메뉴- 아리마스까]

단어 カフェインゼロ 카페인 제로(디카페인) ｜ 飲み物 음료, 마실 것 ｜ コンセント 콘센트 ｜ おすすめ 추천 ｜
韓国語 한국어 ｜ メニュー 메뉴

[패턴 학습법]

❶ 전체 듣기 ❷ 한 문장씩 듣고 따라하기 ❸ 뜻만 보고 문장 만들기

へ や
部屋にアメニティーありますか。 방에 어메니티 있나요?
[헤야니 아메니티 – 아리마스까]

とう りよう
当ホテルのご利用はございますか。
[토 – 호떼루노 고리요 – 와 고자이마스까] 저희 호텔을 이용해 보신 적 있으신가요?

* 점원이 손님에게 말할 때에는 ありますか가 아닌 ございますか를 써요.

おお
もっと大きいサイズありますか。 더 큰 사이즈 있나요?
[못또 오 – 끼 – 사이즈 아리마스까]

ちか
近くにセレクトショップありますか。
[치까꾸니 세레꾸토숍뿌 아리마스까] 가까운 곳에 편집숍 있나요?

バスツアーありますか。 버스 투어 있나요?
[바스쯔아 – 아리마스까]

くうこう
空港までのリムジンありますか。 공항까지 가는 리무진 있나요?
[쿠 – 꼬마데노 리무진 아리마스까]

단어

部屋 방 | アメニティー 어메니티 | 当ホテル 저희 호텔 | 利用 이용 | もっと 더, 더욱 | 大きい 크다 | サイズ 사이즈 | 近く 근처 | セレクトショップ 셀렉트숍, 편집숍 | バスツアー 버스 투어 | 空港 공항 | までの 까지의 | リムジン 리무진

🎧 P-08.mp3

_____ (은/는) 없나요?

_____ (は)ないですか

'~은/는 없어요?'라는 뜻입니다. '~은/는'의 뜻을 지닌 ~は를 생략하고 말할 수 있습니다.
앞서 배운 ありますか의 반대 표현인 ありませんか로 바꿔 말할 수도 있습니다.

チョコが入っているデザートはないですか。
<small>はい</small>

[쵸코가 하잇떼이루 데자-또와 나이데스까]　　　　초콜릿이 들어 있는 디저트는 없나요?

抹茶ラテはないですか。　　　　　　　　　말차라떼는 없나요?
<small>まっちゃ</small>

[맛쨔라떼와 나이데스까]

子供も食べれる料理はないですか。
<small>こ ども</small>　<small>た</small>　　<small>りょう り</small>

[코도모모 타베레루 료-리와 나이데스까]　　　아이도 먹을 수 있는 요리는 없나요?

*회화에서는 食べられる(먹을 수 있다)에서 ら를 생략하고 食べれる로 곧잘 줄여 말하곤 해요.
<small>た</small>

今、空いてる席はないですか。　　　　지금 빈자리는 없나요?
<small>いま</small>　<small>あ</small>　　<small>せき</small>

[이마 아이떼루 세끼와 나이데스까]

단어　チョコ 초콜릿 | 入る 들어가(오)다 | デザート 디저트 | 抹茶ラテ 말차라떼 | 子供 아이 | 食べる
먹다 | 料理 요리 | 今 지금 | 空く 비다 | 席 자리

もう少し広い部屋はないですか。　　좀 더 넓은 방은 없나요?

[모-스꼬시 히로이 헤야와 나이데스까]

大浴場はないですか。　　대욕장(공용 온천)은 없나요?

[다이요쿠죠-와 나이데스까]

これって現品のみですか。新しいのはないですか。

[코렛떼 겜삔노미데스까 아따라시-노와 나이데스까]　이거는 현품뿐인가요? 새거는 없나요?

日本円に両替できる場所はないですか。

[니혼엔니 료-가에 데끼루 바쇼와 나이데스까]　엔화로 환전할 수 있는 장소는 없나요?

この近くにタクシー乗り場はないですか。

[코노 치까꾸니 타쿠시-노리바와 나이데스까]　이 근처에 택시 승강장은 없나요?

終電はもうないですか。　　막차는 이제 없나요?

[슈-뎅와 모- 나이데스까]

단어　もう少し 좀 더, 조금 더 ┃ 広い 넓다 ┃ 部屋 방 ┃ 大浴場 대욕장, 공용 온천 ┃ 現品 현품, 현재 있는 물품 ┃
のみ 뿐, 만 ┃ 新しい 새롭다 ┃ 両替 환전, 돈을 바꿈 ┃ できる 할 수 있다 ┃ 場所 장소 ┃ 近く 근처 ┃
タクシー乗り場 택시 승강장 ┃ 終電 終電車의 줄임말, (전철) 막차 ┃ もう 이미, 이제, 벌써

19

_____ 겠죠?

_____ かね

우리말로 "~겠죠? 그렇죠? 그렇다고 말해 줘요"라는 뉘앙스의 표현입니다.
내 추측에 대해 상대방의 의견이나 답변을 기대하고 있다는 느낌을 줍니다.

結構、甘ったるいですかね。

[켁꼬 – 아맛따루이데스까네]

너무 달겠죠?

ドリンクと合いますかね。

[도링꾸또 아이마스까네]

음료랑 어울리겠죠?

これって量が多いですかね。

[코렛떼 료-가 오-이데스까네]

이거는 양이 많겠죠?

上の部屋がうるさいんですが、注意してもらえませんかね。

[우에노 헤야가 우루사인데스가 츄-이시떼 모라에마셍까네]

윗방이 시끄러운데요, 주의해 줄 수 없을까요?

단어 結構 꽤, 제법 | 甘ったるい (싫어질 만큼) 달다 | ドリンク 드링크(음료) | 合う 맞다 | 量 양 |
多い 많다 | 上 위 | 部屋 방 | うるさい 시끄럽다 | 注意する 주의하다

この荷物、預かってもらえませんかね。

[코노 니모쯔 아즈깟떼 모라에마셍까네]

이 짐 맡아 줄 수 없을까요?

やっぱり値段高いですかね。

[얍빠리 네당 타까이데스까네]

역시 가격 비싸겠죠?

このクーポン使えますかね。

[코노 쿠-뽕 츠까에마스까네]

이 쿠폰 사용할 수 있겠죠?

これと同じものが欲しいんですけど、ありますかね。

[코레또 오나지 모노가 호시인데스께도 아리마스까네]

이거랑 같은 것을 원하는데요, 있을까요?

ここから新宿まではどのくらい時間がかかりますかね。

[코꼬까라 신쥬꾸마데와 도노꾸라이 지깡가 카까리마스까네]

여기서 신주쿠까지는 얼마나 시간이 걸릴까요?

夜行バスでスマホの充電はできますかね。

[야꼬-바스데 스마호노 쥬-뎅와 데끼마스까네]　심야 버스에서 스마트폰 충전은 될까요?

단어　荷物 짐 ｜ 預かる 맡다, 보관하다 ｜ やっぱり 역시 ｜ 値段 가격 ｜ 高い 비싸다 ｜ クーポン 쿠폰 ｜
使う 사용하다 ｜ これ 이것 ｜ 同じもの 같은 것 ｜ ~が欲しい ~을(를) 원하다, 바라다 ｜ ここ 여기 ｜
かかる 걸리다 ｜ 夜行バス 심야 버스 ｜ スマホ スマートフォン의 줄임말, 스마드폰 ｜ 充電 충전

21

🎧 P-10.mp3

_____ 은/는 어디예요?

_____ はどこですか

장소나 위치를 물을 때 일반적으로 가장 많이 쓰는 표현입니다.
「どこにありますか(어디에 있나요?)」로 바꿔 말할 수도 있는데요.
둘 다 자주 쓰는 표현이라 어느 쪽을 써도 괜찮습니다.

この<ruby>辺<rt>へん</rt></ruby>にある<ruby>近<rt>ちか</rt></ruby>くのカフェはどこですか。
[코노 헨니 아루 치까꾸노 카훼와 도꼬데스까]   이 근처에 있는 가까운 카페는 어디예요?

お<ruby>手洗<rt>て あら</rt></ruby>いはどこですか。   화장실은 어디예요?
[오떼아라이와 도꼬데스까]

<ruby>禁煙席<rt>きんえんせき</rt></ruby>はどこですか。   金연석은 어디예요?
[킹엔세끼와 도꼬데스까]

<ruby>足湯<rt>あし ゆ</rt></ruby>はどこですか。   족탕은 어디예요?
[아시유와 도꼬데스까]

단어   **この辺** 이 근처 ┃ **近い** 가깝다 ┃ **カフェ** 카페 ┃ **お手洗い** 화장실 ┃ **禁煙席** 금연석 ┃ **足湯** 족탕

22

クロークはどこにありますか。　　불품 보관소는 어디에 있나요?

[쿠로 – 꾸와 도꼬니 아리마스까]

エレベーターはどこにありますか。

[에레베 – 따 – 와 도꼬니 아리마스까]　　　　　엘리베이터는 어디에 있나요?

おな
これと同じものはどこにありますか。

[코레또 오나지모노와 도꼬니 아리마스까]　　　이거랑 같은 것은 어디에 있나요?

か し う　　ば
お菓子売り場はどこですか。　　과자 파는 곳은 어디에 있나요?

[오까시우리바와 도꼬데스까]

みやげ や
お土産屋さんはどこにありますか。

[오미야게야상와 도꼬니 아리마스까]　　　기념품 가게는 어디에 있나요?

ひがしぐちかいさつ
東口改札はどこにありますか。

[히가시구찌 카이사쯔와 도꼬니 아리마스까]　　동쪽 출구 개찰구는 어디에 있나요?

단어

クローク 물품 보관소 ┃ **エレベーター** 엘리베이터 ┃ **これ** 이것 ┃ **同じもの** 같은것 ┃ **お菓子** 과자 ┃
売り場 파는 곳 ┃ **お土産屋さん** 기념품 가게 ┃ **東口** 동쪽 출구 ┃ **改札** 개찰구

🎧 P-11.mp3

어느 쪽

どちら(=どっち)

사물, 장소, 방향을 나타내는 지시대명사입니다.
여러 개의 선택지를 비교하거나, どこ(어디)와 どれ(어느 것)를 정중하게 말할 때 사용합니다.
회화체에서는 どっち라고 짧게 줄여서 말할 수도 있습니다.

ホットとアイス、どちらになさいますか。
[홋또또 아이스 도찌라니 나사이마스까] 따뜻한 것과 아이스, 어느 쪽으로 하시겠어요?

どっちがすっきりした味ですか。 어느 쪽이 깔끔한 맛인가요?
[돗찌가 슥끼리시따 아지데스까]

これとこれ、どちらが辛いですか。
[코레또 코레 도찌라가 카라이데스까]   이거랑 이거, 어느 쪽이 매워요?

ハンバーグ定食と唐揚げ定食、どっちがおすすめですか。
[함바-구 테-쇼꾸또 카라아게 테-쇼꾸 돗찌가 오스스메데스까]
                      햄버그 정식과 가라아게 정식, 어느 쪽을 추천하나요?

단어 ホット 핫, 따뜻한 것 ┃ アイス 아이스 ┃ なさる する의 존경어, 하시다 ┃ すっきり 깔끔한 모양, 산뜻한 모양 ┃
味 맛 ┃ 辛い 맵다 ┃ ハンバーグ 햄버그 ┃ 定食 정식 ┃ 唐揚げ 가라아게, 닭튀김 ┃ おすすめ 추천

喫煙のお部屋と禁煙のお部屋、どちらになさいますか。

[키쯔엔노 오헤야또 킹엔노 오헤야 도찌라니 나사이마스까]

흡연 방과 금연 방 어느 쪽으로 하시겠어요?

どちらから来たんですか。

어느 쪽에서(어디에서) 왔나요?

[도찌라까라 키딴데스까]

どっちの色が人気ですか。

어느 쪽의 색이 인기예요?

[돗찌노 이로가 닝끼데스까]

どっちが似合いますか。

어느 쪽이 어울리나요?

[돗찌가 니아이마스까]

どっちから撮ったらいいですか。

어느 쪽부터 찍으면 되나요?

[돗찌까라 톳따라 이-데스까]

現金、カードどちらでも大丈夫です。

[겡낑 카-도 도찌라데모 다이죠-부데스]

현금, 카드 어느 쪽이라도 괜찮아요.

단어

喫煙 흡연 | 部屋 방 | 禁煙 금연 | 来る 오다 | 色 색 | 人気 인기 | 似合う 잘 맞다, 어울리다 |
撮る (사진을) 찍다 | 現金 현금 | カード 카드 | 大丈夫だ 괜찮다

25

🎧 P-12.mp3

어떻게

どうやって

수단, 방법을 문의할 때 쓸 수 있는 표현입니다.
'어떻게 먹나요?', '어떻게 가나요?', '어떻게 하나요?' 등 여행할 때는 궁금한 것이
많아지기 때문에 특히 유용하게 쓸 수 있습니다.

☕ **どうやってWi-Fiを繋げたらいいですか。**

[도-얏떼 와이화이오 츠나게따라 이-데스까]　어떻게 와이파이를 연결하면 되나요?

☕ **ギフト券をもらったんですけど、どうやって使いますか。**

[기후또껭오 모랏딴데스께도 도-얏떼 츠까이마스까]　기프티콘을 받았는데 어떻게 사용하나요?

🍴 **これはどうやって食べたらいいですか。**

[코레와 도-얏떼 타베따라 이-데스까]　　　　　　　이것은 어떻게 먹으면 되나요?

🍴 **どうやって注文しますか。**　　　　　　　어떻게 주문하나요?

[도-얏떼 츄-몬시마스까]

단어　**繋げる** 연결하다, 잇다 ｜ **ギフト券** 기프티콘 ｜ **使う** 사용하다 ｜ **食べる** 먹다 ｜ **注文** 주문

ルームサービスはどうやって予約したらいいですか。

[루-무사-비스와 도-얏떼 요야꾸시따라 이-데스까] 룸서비스는 어떻게 예약하면 되나요?

テレビが映らないのですが、どうやって直したらいいですか。　[테레비가 우쯔라나이노데스가 도-얏떼 나오시따라 이-데스까]

텔레비전이 안 나오는데 어떻게 고치면 되나요?

これはどうやって普段使うんですか。

[코레와 도-얏떼 후단 츠까운데스까]　　　　　　이것은 어떻게 평소에 쓰나요?

どうやってアプリ設定しますか。　　　　어떻게 앱 설정하나요?

[도-얏떼 아뿌리 셋떼-시마스까]

どうやって行くのが一番早いですか。

[도-얏떼 이꾸노가 이찌방 하야이데스까]　　　　어떻게 가는 게 가장 빠른가요?

JRのフリーパスってどうやって買えばいいですか。

[제-아-루노 후리-파슷떼 도-얏떼 카에바 이-데스까] JR프리패스는 어떻게 사면 되나요?

단어	ルームサービス 룸서비스 ｜ 予約 예약 ｜ テレビ 텔레비전 ｜ 映る 비치다 ｜ 直す 고치다 ｜ 普段 평소 ｜
	アプリ 앱 ｜ 設定 설정 ｜ 一番 가장, 제일 ｜ 早い 빠르다 ｜ JR 제이알, 일본의 대표적인 철도 회사 ｜
	フリーパス 프리패스 ｜ 買う 사다

P-13.mp3

 것

_____ もの

눈에 보이는 구체적인 사물, 즉 물건을 가리킬 때 쓰는 표현입니다.
예를 들면 '먹은 것', '매운 것', '갖고 싶은 것' 등을 나타낼 때 쓸 수 있어요.
또한 もの는 の로 줄여서 말할 수도 있습니다.

あま　　　　　　　　の
甘いものが**飲みたい**です。 　　　　　　　　단것을 마시고 싶어요.

[아마이 모노가 노미따이데스]

いちばんにん き　　　　　　　　なん
ここで一番人気のものは**何**ですか。

[코꼬데 이찌방 닝끼노 모노와 난데스까]　　여기에서 가장 인기 있는 것은 뭐예요?

ふ
テーブルを拭くものはありますか。

[테-부루오 후꾸모노와 아리마스까]　　　　　　　　테이블을 닦을 것은 있나요?

なか　　　　　　　　　　　　　　　　なん
この中でテイクアウトできるものは**何**ですか。

[코노 나까데 테이꾸아우또 데끼루 모노와 난데스까]
　　　　　　　　　　　　이 중에서 테이크아웃할 수 있는 것은 뭐예요?

단어 **甘い** 달다 | **飲む** 마시다 | **一番** 가장, 제일 | **人気** 인기 | **テーブル** 테이블 | **拭く** 닦다 |
この中 이 중 | **テイクアウト** 테이크아웃

タオルがもうないので、新しいものもらえますか。

[타오루가 모- 나이노데 아따라시-모노 모라에마스까]

수건이 더 없어서 새것 받을 수 있나요?

部屋に落ちていたものはないですか。

[헤야니 오치떼이따 모노와 나이데스까]

방에 떨어져 있던 것은 없나요?

ニキビを早く治せるものってありますか。

[니끼비오 하야꾸 나오세루 모놋떼 아리마스까] 여드름을 빨리 낫게 하는 것은 있나요?

これは海外でも使えるものですか。

[코레와 카이가이데모 츠까에루 모노데스까] 이것은 해외에서도 쓸 수 있는 것인가요?

これは有名なものですか。 이것은 유명한 것인가요?

[코레와 유-메-나 모노데스까]

路線図みたいなものはありますか。 노선도 같은 것은 있나요?

[로센즈미따이나 모노와 아리마스까]

단어 タオル 타월, 수건 | もう 이제, 더 | ない 없다 | 新しい 새롭다 | もの 것 | もらう 받다 | 部屋 방 |
落ちる 떨어지다 | ニキビ 여드름 | 早く 빨리 | 治す 고치다, 치료하다 | って ~은(는) | これ 이것 |
海外 해외 | 使う 사용하다, 쓰다 | 有名だ 유명하다 | 路線図 노선도

🎧 P-14.mp3

_____ 것

_____ の

앞서 배운 もの와 같은 뜻이지만 사용 범위가 더 넓은 표현입니다.
물건을 가리키는 '것' 외에도, 동사 뒤에 붙여서 '～하는 것'이라는 의미로 사용할 수 있습니다.

カフェインがないのはどれですか。

[카훼잉가 나이노와 도레데스까]　　　　　　　카페인이 없는 것은 어느 거예요?

ノンアルコールで飲めるのはどれですか。

[농아루꼬-루데 노메루노와 도레데스까]　알코올 없이 마실 수 있는 것은 어느 거예요?

あんまり辛くないのはどれですか。

[암마리 카라꾸나이노와 도레데스까]　　　　별로 맵지 않은 것은 어느 거예요?

この浴衣をもう少し大きいのと交換できますか。

[코노 유까따오 모-스꼬시 오-끼-노또 코-깐 데끼마스까]

이 유카타를 조금 큰 것으로 교환할 수 있나요?

단어 カフェイン 카페인 ｜ どれ 어느 것 ｜ ノンアルコール 논알콜 ｜ 飲む 마시다 ｜ あんまり 별로, 그다지 ｜
辛い 맵다 ｜ 浴衣 유카타 ｜ もう少し 조금 더 ｜ 大きい 크다 ｜ 交換 교환

部屋の冷蔵庫に入っているのって無料ですか。

[헤야노 레-조-꼬니 하잇떼 이루놋떼 무료-데스까] 방 냉장고에 들어 있는 것은 무료인가요?

もう少し小さいのってありますか。　조금 더 작은 것은 있나요?

[모-스꼬시 치-사이놋떼 아리마스까]

これと同じのを買いたいんですけど、こちらにあり
ますか。　　　　　　[코레또 오나지노오 카이따인데스께도 코찌라니 아리마스까]
이거랑 같은 것을 사고 싶은데요, 여기에 있나요?

ここで写真を撮るのってダメですか。

[코꼬데 샤싱오 토루놋떼 다메데스까]　　　　여기서 사진을 찍는 것은 안 되나요?

シニアなんですけど、何か割引できるのってありま
すか。　　　　　　[시니아난데스께도 나니까 와리비끼 데끼루놋떼 아리마스까]
시니어인데요, 뭔가 할인되는 것은 있나요?

名古屋まで行くのってどの電車に乗ればいいですか。

[나고야마데 이꾸놋떼 도노 덴샤니 노레바 이-데스까]
나고야까지 가는 것은 어떤 전철을 타면 되나요?

단어　部屋 방 ｜ 冷蔵庫 냉장고 ｜ 入る 들어가(오)다 ｜ 無料 무료 ｜ もう少し 조금 더 ｜ 小さい 작다 ｜

って ~은(는) ｜ 同じ 같음 ｜ ダメだ 소용없다, 안 된다 ｜ シニア 시니어, 노인 ｜ 何か 무언가 ｜ 割引 할인 ｜

電車 전철 ｜ に乗る ~을(를) 타다

P-15.mp3

잠깐/좀/조금

ちょっと

시간 또는 수량이 적다는 의미로 쓸 수 있는 표현입니다.
적은 수량을 말할 때 ちょっと를 少<small>すこ</small>し라는 표현으로 바꾸면 더 정중한 인상을 줄 수 있습니다.

☕ **ちょっと**すみません。注文<small>ちゅうもん</small>いいですか。

[촛또 스미마셍 츄-몬 이-데스까] 잠깐 실례할게요. 주문되나요?

🍴 **ちょっと**美味<small>おい</small>しそうな匂<small>にお</small>いがしますね。

[촛또 오이시소-나 니오이가 시마스네] 좀 맛있어 보이는 냄새가 나네요.

🍴 **ちょっと**辛<small>から</small>くできますか。 조금 맵게 할 수 있나요?

[촛또 카라꾸 데끼마스까]

🏢 **ちょっと**ディナーの予約<small>よやく</small>をしたいのですが…。

[촛또 디나-노 요야꾸오 시따이노데스가] 잠깐 디너 예약을 하고 싶은데요.

단어　注文 주문 ｜ 美味しい 맛있다 ｜ 匂い 냄새 ｜ 辛い 맵다 ｜ ディナー 디너 ｜ 予約 예약

ちょっと個性的な服を探しているんですけど…。

[촛또 코세-떼끼나 후꾸오 사가시떼 이룬데스께도]　　좀 개성적인 옷을 찾고 있는데요.

ただちょっと見ているだけです。　그냥 좀 보고 있을 뿐이에요.

[타다 촛또 미떼이루 다께데스]

ちょっと前、いいですか。　잠깐 앞(을 지나가도), 괜찮을까요?

[촛또 마에 이-데스까]

すみません、ちょっと写真撮ってもらえませんか。

[스미마셍 촛또 샤신 톳떼 모라에마셍까]　　저기요, 잠깐 사진 찍어 주실 수 있나요?

ちょっとすみません。降ります。　잠깐 실례합니다. 내릴게요.

[촛또 스미마셍 오리마스]

もうちょっと先まで行ってもらえますか。

[모-촛또 사끼마데 잇떼 모라에마스까]　　좀 더 앞까지 가 주시겠어요?

단어　個性的だ 개성적이다 ｜ 服 옷 ｜ 探す 찾다 ｜ ただ 그냥, 단지 ｜ 見る 보다 ｜ 前 앞, (이)전 ｜ 写真 사진 ｜
撮る (사진을) 찍다 ｜ 降りる 내리다 ｜ 先 앞, 전방

🎧 P-16.mp3

_____ 일(할) 것 같아요.

_____ そうです

'이 음식은 매울 것 같다'와 같이 어떤 대상을 보고 딱 떠오르는 느낌을 말하거나
'곧 비가 내릴 것 같다'와 같이 그 사태가 일어날 가능성이 있을 때 쓰는 표현입니다.
맨 끝의 です를 빼면 「~そう(~일(할) 것 같아)」라는 반말 표현이 됩니다.

☕ **ここのお店は人気がありそうですね。**

[코꼬노 오미세와 닝끼가 아리소–데스네]　　　이 가게는 인기가 있을 것 같네요.

☕ **全部は食べきれなさそうです。**　　전부는 다 못 먹을 것 같아요.

[젬부와 타베끼레나사소–데스]

🍴 **おいしそうですね。**　　　맛있을 것 같네요.

[오이시소–데스네]

🍴 **ちょっと高そうですね。**　　　좀 비쌀 것 같네요.

[춋또 타까소–데스네]

단어　**お店** 가게 ┃ **人気** 인기 ┃ **全部** 전부 ┃ **食べきる** 다 먹다, 남김없이 먹다 ┃ **おいしい** 맛있다, 맛있는 ┃
ちょっと 좀, 잠깐 ┃ **高い** (가격이) 비싸다, 높다

34

傘の貸し出しサービスは無さそうですね。

[카사노 카시다시 사-비스와 나사소-데스네]　　우산 대여 서비스는 없을 것 같네요.

この洋服はお客様に似合いそうですよ。

[코노 요-후꾸와 오꺄꾸사마니 니아이소-데스요]　이 옷은 손님에게 어울릴 것 같아요.

コスパ良さそうですね。　　　　　　　　가성비 좋을 것 같네요.

[코스빠 요사소-데스네]

これは韓国では売って無さそうですね。

[코레와 캉꼬꾸데와 웃떼 나사소-데스네]　　　이건 한국에서는 안 팔 것 같네요.

ここで写真を撮ったらだめそうですね。

[코꼬데 샤싱오 톳따라 다메소-데스네]　　여기서 사진을 찍으면 안 될 것 같네요.

到着時間に遅れそうです。　　　도착 시간에 늦을 것 같아요.

[토-챠꾸 지깐니 오꾸레소-데스]

단어　傘 우산 | 貸し出し 대여 | 無い 없다 | 洋服 옷 | お客様 손님 | 似合う 어울리다, 잘 맞다 |
コスパ コストパフォーマンス의 줄임말, 가성비 | 韓国 한국 | 売る 팔다 | ここ 여기 | 写真 사진 |
撮る (사진을) 찍다 | だめだ 소용없다, 안 된다 | 到着時間 도착 시간 | 遅れる 늦다

P-17.mp3

_____ 인(한) 것 같아요

_____ 気_きがします

「気_きがする(느낌이 들다)」의 정중체입니다.
불확실한 느낌이나 예감을 나타낼 때 쓸 수 있으며,
불만이나 문제 사항을 부드럽게 전달하고 싶을 때도 사용할 수 있습니다.

あの、これ頼_{たの}んだものと違_{ちが}う気_きがしますが。

[아노 코레 타논다모노또 치가우 키가시마스가] 저기, 이거 시킨 거랑 다른 것 같은데요.

すみません、味_{あじ}がちょっと薄_{うす}い気_きがしますが。

[스미마셍 아지가 춋또 우스이 키가시마스가] 저기요, 맛이 좀 연한 것 같은데요.

お肉_{にく}がちょっと生_{なま}な気_きがしますが。

[오니꾸가 춋또 나마나 키가시마스가] 고기가 좀 날 것 같은데요.

土日_{どにち}は早_{はや}くに閉店_{へいてん}した気_きがします。

[도니찌와 하야꾸니 헤 – 텐시따 키가시마스] 주말은 일찍 가게 문을 닫았던 것 같아요.

단어 頼む 부탁하다, 주문하다, 시키다 | 違う 다르다, 틀리다 | 味が薄い 맛이 싱겁다 | 肉 고기 | 生 생, 날것 |
土日 토일, 주말 | 早くに 일찍, 일찌감치 | 閉店 폐점, 가게 문을 닫음

確か、「パク」で予約した気がしますが。

[타시까 파꾸데 요야꾸시따 키가시마스가]　　　　분명 '박'으로 예약한 것 같은데요.

朝食付きのプランだった気がしますが。

[쵸-쇼꾸쯔끼노 프란닷따 키가시마스가]　　　　조식 포함 플랜이었던 것 같은데요.

このニット、少し大きい気がします。

[코노 닛또 스꼬시 오-끼- 키가시마스]　　　　이 니트 좀 큰 것 같아요.

今日は特に人が多い気がしますね。

[쿄-와 토꾸니 히또가 오-이 키가시마스네]　　오늘은 특히 사람이 많은 것 같네요.

電車が遅れてそうな気がします。

[덴샤가 오꾸레떼소-나 키가시마스]　　　　전철이 늦어지고 있는 것 같아요.

ちょっと道が混んできた気がしますね。

[촛또 미찌가 콘데키따 키가시마스네]　　　　길이 좀 막힌 것 같네요.

단어　確か 확실히, 분명히 ｜ 予約 예약 ｜ 朝食付き 조식 포함 ｜ プラン 플랜 ｜ ニット 니트 ｜ 今日 오늘 ｜
特に 특히 ｜ 人 사람 ｜ 多い 많다 ｜ 電車 전철 ｜ 遅れる (일정보다) 늦다 ｜ 道 길 ｜ 混む 붐비다, 혼잡하다

_____ 해 주시겠어요?

_____ てもらってもいいですか

직역하면 '~해 받아도 좋을까요?'라는 뜻입니다. 짧게 ~てもらえますか라고 말할 수도 있습니다.
일본은 직접적으로 말하기보다는 돌려 말하는 것이 미덕인 나라이기에
'~주세요'보다 '~해 주실 수 있나요?'라고 말하는 것이 더 정중하게 들립니다.

蓋をつけてもらってもいいですか。

[후따오 츠께떼 모랏떼모 이-데스까]　　　　　　　　뚜껑을 덮어 주실 수 있나요?

スコーンは持ち帰り用にしてもらってもいいですか。

[스꼬-옹와 모찌까에리요-니 시떼 모랏떼모 이-데스까]

스콘은 테이크아웃용으로 해 주실 수 있나요?

もう少し温めてもらってもいいですか。

[모-스꼬시 아따타메떼 모랏떼모 이-데스까]　　　　　조금 더 데워 주실 수 있나요?

わさびを抜いてもらってもいいですか。

[와사비오 누이떼 모랏떼모 이-데스까]　　　　　고추냉이를 빼 주실 수 있나요?

단어 蓋 뚜껑, 덮개 | つける 빼붙이다, 대다 | スコーン 스콘 | 持ち帰り用 테이크아웃용 | もう少し 조금 더 |
温める 따뜻하게 하다 | わさび 고추냉이 | 抜く 빼다

くうこう
空港までのタクシーを呼んでもらってもいいですか。

[쿠-코-마데노 타쿠시-오 욘데 모랏떼모 이-데스까]

공항까지 가는 택시를 불러 주실 수 있나요?

あたら
新しいタオルを持ってきてもらってもいいですか。

[아따라시- 타오루오 못떼키떼 모랏떼모 이-데스까]   새 수건을 가져와 주실 수 있나요?

ふくろ   よ ぶん   まい い
袋を余分に１枚入れてもらってもいいですか。

[후꾸로오 요분니 이찌마이 이레떼 모랏떼모 이-데스까]

봉투를 여분으로 1장 넣어 주실 수 있나요?

えい ご
英語ができるスタッフを呼んでもらってもいいですか。

[에-고가 데끼루 스땃후오 욘데 모랏떼모 이-데스까]

영어를 할 수 있는 직원을 불러 주실 수 있나요?

つぎ   しんごう   みぎ   ま
次の信号を右に曲がってもらってもいいですか。

[츠기노 싱고-오 미기니 마갓떼 모랏떼모 이-데스까]

다음 신호에서 오른쪽으로 돌아 주실 수 있나요?

えんだま
おつりを100円玉にしてもらってもいいですか。

[오쯔리오 햐꾸엔다마니 시떼 모랏떼모 이-데스까]

거스름돈을 100엔짜리 동전으로 해 주실 수 있나요?

단어 呼ぶ 부르다 ┃ 持ってくる 가져오다 ┃ 余分に 여분으로 ┃ スタッフ 스태프, 직원 ┃ 次 다음 ┃ 信号 신호
(등) ┃ 右 오른쪽 ┃ 曲がる 굽다, 돌다 ┃ おつり 거스름돈 ┃ 100円玉 100엔짜리 동전

_____ (한)인데요

_____ んですが…

주로 처음 말을 시작할 때 사용하는 표현입니다.
말끝을 흐리면 좀 더 자연스럽게 대화를 시작할 수 있어요.
캐주얼하게 말할 때는 「〜んですけど…」로 바꿔서 말할 수도 있답니다.

☕ ホットで頼んだんですが…。
[홋또데 타논단데스가]   따뜻한 걸로 시켰는데요.

☕ ストローがないんですが…。
[스또로-가 나인데스가]   빨대가 없는데요.

🍴 頼んだ料理が来てないんですが…。
[타논다 료-리가 키떼나인데스가]   주문한 요리가 안 나왔는데요.

🏨 ルームサービスを利用したいんですが…。
[루-무사-비스오 리요-시따인데스가]   룸서비스를 이용하고 싶은데요.

단어　あの 저, 저기 | **ホット** 핫, 따뜻한 것 | **で** (으)로, 에서 | **ストロー** 스트로, 빨대 | **料理** 요리 |
来て(い)ない 안 오다 | **ルームサービス** 룸서비스 | **利用する** 이용하다

延泊したいんですが…。

연박하고 싶은데요.

[엠빠꾸시따인데스가]

免税カウンターを探してるんですが…。

면세 카운터를 찾고 있는데요.

[멘제- 카운타-오 사가시떼룬데스가]

ここに行きたいんですが…。

여기에 가고 싶은데요.

[코꼬니 이끼따인데스가]

予約はしてないんですが…大丈夫ですか。

예약은 안 했는데요, 괜찮나요?

[요야꾸와 시떼나인데스가 다이죠-부데스까]

山手線に乗りたいんですが…。

야마노테선을 타고 싶은데요.

[야마노떼센니 노리따인데스가]

一番早い方法で行きたいんですが…。

가장 빠른 방법으로 가고 싶은데요.

[이찌방 하야이 호-호-데 이끼따인데스가]

단어　延泊 연박(숙박 일정을 연장함) ┊ 免税 면세 ┊ カウンター 카운터 ┊ 探す 찾다 ┊ ここ 여기 ┊ 行く 가다 ┊
予約 예약 ┊ ~に乗る ~을(를) 타다 ┊ 一番 가장, 제일 ┊ 早い 빠르다 ┊ 方法 방법

🎧 P-20.mp3

_____ 해 버렸어요

_____ てしまいました

의도치 않은 실수를 했을 때 사용할 수 있는 표현입니다.
반말로는 「~てしまった(~해 버렸다)」라고 하는데요.
회화에서는 더욱 줄여서 ~ちゃった라고 합니다.

☕ <ruby>席<rt>せき</rt></ruby>に<ruby>忘<rt>わす</rt></ruby>れ<ruby>物<rt>もの</rt></ruby>をしてしまいました。

[세끼니 와스레모노오 시떼 시마이마시따]   자리에 물건을 깜박하고 두고 와 버렸어요.

☕ <ruby>残<rt>のこ</rt></ruby>ってしまったので<ruby>持<rt>も</rt></ruby>ち<ruby>帰<rt>かえ</rt></ruby>り<ruby>用<rt>よう</rt></ruby>にしてもらえますか。

[노꼿떼 시맛따노데 모치까에리요-니 시떼 모라에마스까]
남아 버렸는데 테이크아웃용으로 해 주시겠어요?

🍴 すみません。<ruby>飲<rt>の</rt></ruby>み<ruby>物<rt>もの</rt></ruby>をこぼしてしまいました。

[스미마셍 노미모노오 코보시떼 시마이마시따]   죄송해요. 음료를 엎질러 버렸어요.

🍴 <ruby>服<rt>ふく</rt></ruby>にソースが<ruby>付<rt>つ</rt></ruby>いてしまいました。

[후꾸니 소-스가 츠이떼 시마이마시따]   옷에 소스가 묻어 버렸어요.

단어 **席** 자리 | **忘れ物をする** 물건을 깜박 잊고 오다 | **残る** 남다 | **持ち帰り用** 테이크아웃용 | **すみません**
죄송합니다, 저기요, 실례합니다 | **こぼす** 흘리다, 엎지르다 | **服** 옷 | **ソース** 소스 | **付く** 붙다, 묻다

レシートをなくしてしまいました。　　엉수증을 잃어버렸어요.

[레시-또오 나꾸시떼 시마이마시따]

部屋の中にルームカードを置いて出てしまいました。

[헤야노나까니 루-무카-도오 오이떼데떼 시마이마시따]

방 안에 룸 카드를 두고 나와 버렸어요.

チェックイン時間より早めに着いてしまいました。

[첵꾸인지깡요리 하야메니 츠이떼 시마이마시따]

체크인 시간보다 조금 일찍 도착해 버렸어요.

友達とはぐれてしまいました。　　친구와 떨어져 버렸어요.

[토모다찌또 하구레떼 시마이마시따]

どこかにスマホを落としてしまいました。

[도꼬까니 스마호오 오또시떼 시마이마시따]　어딘가에 스마트폰을 떨어뜨려 버렸어요.

切符をなくしてしまいました。　　표를 잃어버렸습니다.

[킵뿌오 나꾸시떼 시마이마시따]

단어 レシート 영수증 ｜ なくす 잃다 ｜ 部屋 방 ｜ 中 안, 속 ｜ ルームカード 룸 카드 ｜ 置く 두다, 놓다 ｜
出る 나가다, 나오다 ｜ チェックイン 체크인 ｜ 早めに 조금 일찍 ｜ 着く 도착하다 ｜ 友達 친구 ｜
はぐれる (일행과) 떨어지다, 놓치다 ｜ 落とす 떨어뜨리다 ｜ 切符 표, 티켓

43

찾아보기 * 숫자는 페이지 번호입니다.

ㅊ

ㅋ

ㅌ

ㅍ

ㅎ

유하다요의
10시간 일본어 단어

책 속의 책

**〈쓰기노트〉
무료 제공**

특별 서비스
· 유튜브 강의 무료 제공
· mp3 파일 무료 제공

전유해(유하다요) 지음 | 500쪽 | 26,,000원

내 일상에 딱! 내 생활에 꼭 필요한
일본어 단어를 10시간 만에 끝내는 방법!

'셀카', '읽씹', '복붙'… 내가 매일 쓰는 이 단어, 일본어로는 뭘까?
유하다요의 무료 유튜브 강의와 함께 쉽고 빠르게 끝내자!

난이도 첫걸음 **초 급 중 급** 고 급

기간 10시간

대상 일본어 기초는 알지만 단어를 몰라서
회화가 늘지 않는 학습자

목표 실제 회화에서 많이 쓸 수 있는 단어들을
내 것으로 만들어 회화력 높이기

일본어 회화,
함께 시작해요!